成　瑾◎著

循规施策

——高中物理课堂教与学的设计

上海教育出版社

SHANGHAI EDUCATIONAL
PUBLISHING HOUSE

序

　　课堂教学是教师最重要的日常工作,是教学基本环节中的重要一环。课堂教学实施的起始是备课,通过备课形成教学设计方案,指明了课堂教学的目标要求和基本路径,并对教学活动的整体安排和进程进行了具体规划。因此,教学设计是课程与教学之间的重要环节,也是提高课堂教学质量的有效途径。

　　教学设计是教师对教学的理解和构想,反映了教师的教学思维活动,其中,教师的专业能力指向对学科知识和方法的把握,教师的教学智慧出自对学科教学的思考。因此,教师的专业能力和教学智慧决定了教学设计的样态。

　　教学设计是在一定的教育思想指导下,遵循教育教学规律,依据教学内容逻辑和学生学习逻辑,设计有序的教学活动,形成合适的教学逻辑,促进学生理解知识,建构知识结构,发展学科思维,实现预定的教学目标。

　　教学设计主要有单元教学设计、课堂教学设计。其中,单元教学设计是以单元为单位,强化内容结构性研究,关注素养整体落实或课内外一体化单元探索,是课程校本化实施在教研组层面的档案积累;课堂教学设计是以课时为单位,教师比较熟悉,具有个性特点,但结构性研究不够,有明显的局部性。因此,从单元教学设计看课堂教学设计,是整体视域下看局部,在教学应用中要注意处理好一些基本关系,凸显单元视角下的课堂教学设计。这样,可使课堂教学设计更有针对性,提高课堂教学效益。

　　成瑾老师从事高中物理教学近 30 年,2003 年,她参加"上海市中小学中青年教师教学评选活动"获得一等奖,2004 年又在第二届全国中学物理教学改革创新大赛中获得高中组一等奖。这说明教师成长在课堂。2011 年之后,她虽然身负学校教学管理重任,但始终不忘初心,立足课堂,并通过教学研究将自己对物理教学的思考融入课题和论文,不断提升了自己的专业能力,这表明教师持续发展在于对课堂研究。本书反映了她对课堂教学的实践研究,从实践者的角度提出了遵循规律实施教学策略的一些观点和主张,并通过大量的实例进行阐释说明,体现出一名物理教师对教学主动思考、积极探索的精神。

　　教学是一个不断产生问题、思考问题、解决问题的过程,教师是在思考和实践中成长起来的,无论思考的结果如何,思考的过程是值得回忆并记录的。成瑾老师把自己在教学实践中的思考整理出来,写成了本书,希望以此激励教师们积极呈现对教学的思考,彼此启发,共同提高。

陆伯鸿

2023 年 3 月 20 日

前　言

　　《普通高中物理课程标准(2017 年版 2020 年修订)》指出,高中物理课程的目标是在义务教育的基础上,进一步促进学生物理学科核心素养的养成和发展。物理学科核心素养包括物理观念、科学思维、科学探究、科学态度与责任等四个方面。物理观念的形成过程中蕴含着丰富的知识逻辑,科学思维的发展离不开逻辑方法,科学探究的实践过程、科学态度与责任的培养同样需要逻辑思维的支撑。

　　物理教学是实现课程目标的关键。物理教学主要有两个任务:一是要教会学生怎样思考问题;二是要教会学生怎样研究问题。不管是思考问题还是研究问题,都必须建立在逻辑的基础上。

　　物理课堂教与学的设计是物理教学有效实施的根基。教师需要综合考虑物理学科逻辑和学生学习逻辑两方面因素,结合而成教学逻辑,整体规划设计,才能发挥课堂教学的最佳效果。教与学的设计应该遵循教与学的规律和规则,让学生在有序的教学活动中进行有逻辑的学习,建立结构化的知识体系,形成清晰的思维路径,培养严密的思维能力。本书标题"循规施策"表达的正是这个意思。

　　本书是笔者多年有关教与学设计的实践经验和细致思考,主要包括四个方面的内容。

　　首先,本书围绕与高中物理教学相关的逻辑,详细阐述了高中物理教学中的规律和规则,包含作为教学设计客观依据的物理学科知识逻辑和思维逻辑,作为教学设计操作依据的学生学习逻辑,作为教学设计实施构想的教学逻辑。

然后,本书从实践者的角度,通过具体的教学示例,剖析了遵循逻辑的教学设计所产生的教学效果,在促进学生建构物理知识结构、发展物理学科思维方面的积极作用,以及对教师提升教学品质的促进作用。

之后,本书介绍了笔者在教学实践中逐步思考形成的,关于如何进行遵循逻辑的物理课堂教学设计的策略,从整体的内容布局,到局部的活动设计,形成逻辑清晰的教学结构,为教与学的有效实施奠定基础。

最后,本书针对高中物理课堂教学的四种主要类型,具体阐述如何根据各种教学类型的逻辑特点做好教与学的设计,让学生有逻辑地理解和应用知识、建立知识结构和解题思路、锻炼思维能力和实践能力。

本书所使用的教学案例基本来自笔者日常的教学实践,真实可操作,仅供同行参考。

目 录
Contents

第一章　高中物理教学之规

　　《普通高中物理课程标准(2017 年版 2020 年修订)》中指出:"高中物理课程在义务教育的基础上,帮助学生从物理学的视角认识自然,理解自然,建构关于自然界的物理图景;引导学生经历科学探究过程,体会科学研究方法,养成科学思维习惯,增强创新意识和实践能力;引导学生认识科学的本质以及科学·技术·社会·环境(STSE)的关系,形成科学态度、科学世界观和正确的价值观,为做有社会责任感的公民奠定基础。"从中可以看出,高中物理教学的重要任务就是帮助学生用客观的、理性的方式了解自然,用科学的思维和方法研究自然现象,寻找蕴含在现象中的客观规律,体会分析问题时的思维规律,形成解决问题的行为规则。而所有这些元素都指向逻辑,逻辑具有鲜明的理性特征,贯穿于整个高中物理教学。高中物理课堂教与学的设计需要建立在逻辑的基础上,主要涉及物理学科逻辑、学生学习逻辑和教师教学逻辑。

第一节 物理学科逻辑

物理学科知识逻辑和学科思维逻辑是物理学科逻辑中主要的两个方面。物理学科知识逻辑是物理学科知识（主要是物理概念和物理规律）及知识间的联系与组织方式的体现，物理学科知识之间的逻辑关系向人们展示了物理知识的结构之美。物理学科思维逻辑是物理学科思维方法在研究问题时如何运用的体现，物理学科思维方法是学生获取知识、认识自然的必备素养。物理学科逻辑是物理教学的基本内容和客观依据，是培养学生物理学科核心素养的主要载体。

一、物理概念

物理概念是物理学中最基本的内容，是构成物理规律、物理理论的基本单元。明确物理概念的含义和概念的形成逻辑是高中物理教学最基本的任务，是完成其他教学任务的基础。

1. 物理概念的含义

在中学物理中，物理概念是对某一类物理现象、过程的本质属性的抽象以及概括，其内涵就是物理概念所反映的本质属性，外延就是具有此本质属性的全体对象。例如："机械运动"的本质属性是物体空间位置随时间变化，外延有匀速直线运动、匀变速直线运动、匀速圆周运动等；"力"的本质属性是物体之间的相互作用，可以产生使物体的形状或运动状态发生变化两种效果，外延有重力、弹力、摩擦力等；"能量"的本质属性是物体具有对外做功的本领，外延有动能、重力势能、内能等。类似"机械运动""力""能量"之类内涵简单、外延丰富的物理概念称为大概念,大概念具有抽象程度高、概括性强的特点,具有普遍性的意义。再如:"匀速直线运动"的本质属性是物体空间位置随时间均匀变化,外延只有匀速直线运动;"弹力"的本质属性是发生形变物体之间的相互作用,外延有弹簧弹力、绳子弹力等;"动能"的本质属性是物体由于运动而具有的对外做功的本领,外延有物体动能、分子动能等。类似"匀速直线运动""弹力""动能"之类内涵比较丰富、外延比较狭窄的物理概念称为小概念,小概念抽象程度较低,学生比较容易理解。"匀速直线运动"是"机械运动"的外延之一,"弹力"是"力"的外延之一,"动能"是"能量"的外延之一,小概念属于大概念的外延,具有大概念所反映的本质属性。单纯学习大概念,外延太多,头绪繁杂,难以突出重点,缺乏明显的着力点,学生学习困难,而小概念对应的外延少,针对性强,学生容易深入学习。因此,在高中物理教学中,学生是通过小概念的学习来逐步完善对大概念的认知,进而形成物理观念的。

对于小概念的内涵,我们应该学得细致一点,特别是遇到一些意义很相似的物理概念,不妨细细品味一下它们的联系与区别。例如:静电力、库仑力、电场力这三个概念在不同版本的高中物理教材中出现过,它们穿插在各种场景中,看上去似乎描述的是同一种力,为何有不同的名称呢?是不是有着不同的内涵?沪科版教材从生活中的真实场景"用干燥的手捋过的塑料丝会散开"引出了"这种静止电荷之间的相互作用力叫作静电力",然后在得出库仑定律之后提出"静电力又称为库仑力",最后在提出电场概念之后定义"电场的基本性质是能够对放入其中的电荷有力的作用,这种力就叫作电场力";人教版教材中在得出库仑定律之后提出"这种电荷之间的相互作用力叫作静电力或库仑力",没有出现电场力的概念,在后续的教材内容中涉及的都是静电力。查阅了由贾起民、郑永令、陈暨耀编著的《电磁学》,书中提到:"静止电荷产生的电场称为静电场,静电场对其他静止电荷的作用力就是静电力。电场并不限于静电场,凡对静止电荷有作用力的场都是电场。""稳恒电场是一种静态电场,与静电场有相同的性质,在不引起混淆的地方,我们有时也把稳恒电场称为静电场。"由张三慧编著的《大学基础物理学》提到:"相对于惯性系观察,自由空间(或真空)中两个静止点电荷之间的作用力(斥力或吸力,统称为库仑力)……"由此可见,静电力和库仑力的内涵是静止电荷之间的相互作用力,电场力的内涵是电荷在电场中受到的作用力,静电力和库仑力是电场力的外延之一。对于这类相似的概念,建议在教学中仔细辨别一下它们的含义,消除学生的模糊认识。

2. 物理概念的形成

大多数物理概念的形成逻辑可以理解为:前人通过观察现象,再经过一定的思维过程发现并解决问题后,得到一个用简洁的文字表征出来的意义。其实,概念形成中的思维过程非常重要,概念表征的物理意义是什么,如何表征,都应该是物理教学的内容。概念教学不宜采用直接告知或者以练代学的方式传递给学生,因为这种方式很难使学生真正理解概念的意义,反而会让学生产生一种已经理解概念的虚假表象,当遇到较为复杂的问题情境时容易迷失方向,缺乏运用概念解决问题的能力。概念教学应当通过一定的过程与方法,引导学生在一系列思维活动中对物理概念的形成过程建立准确清晰的认识,真正理解概念所描述的对象特征和适用的对象条件。体验并内化概念的形成逻辑是概念教学的核心。

物理概念根据本身的特征可以分为非物理量概念和物理量概念。非物理量概念中有一些是用来表示客观存在的物理概念,如电场、磁场、能源、光、涡流、固体、液体、气体、原子、原子核、电子、质子、中子等;有一些是实际物体或实际过程经过理想化处理为了突出主要特征而建立的,它们在客观世界中并不存在,只存在于理论世界中,如质点、弹簧振子、单摆、点电荷、理想气体、电场线、磁感线、自由落体运动、轻杆、轻绳、光滑斜面等。物理量概念与非物理量概念最大的区别就在于,物理量概念可以用定性和定量两种方式来描述事物的本质属性,如位移、速度、加速度、力、动能、动量、功、压强、温度、电场强度、电势、电势差、电流、电压、电功率、电动势、磁感应强度等。

用来表示客观存在的非物理量概念的形成逻辑相对比较简单,可以通过观察、实验、活动、体验等方式,对现象所表现出的某一本质属性进行提炼,并用文字进行概括定义。例如,人们观察到生活中存在各种各样物体"动"的现象,提炼该现象的本质属性——相对选定的参照物,物体的空间位置发生变化,于是概括建立了机械运动的概念。再如,人们观察到机械波能传到障碍物后面的现象,提炼该现象的本质属性——能够绕过障碍物继续传播,于是概括建立了衍射的概念。又如,人们观察到处于磁场中的闭合电路在某些情况下会产生电流的现象,提炼该现象的本质属性——由磁生电,于是概括建立了电磁感应的概念。类似直线运动、共点力平衡、超重、失重、曲线运动、圆周运动、离心现象、静电现象、衰变、核裂变、核聚变、弹性碰撞、非弹性碰撞、机械振动、受迫振动、波的反射(折射、干涉、偏振)、自感、多普勒效应、电磁振荡、扩散现象、布朗运动、光电效应、波粒二象性等概念都是人们通过实验观察到的现象,并抓住了现象的本质属性,建立了相应的物理概念。

非物理量概念中理想化模型概念的形成逻辑,是一个高度抽象的思维过程。以"质点"模型为例来体会一下理想模型的形成逻辑,研究机械运动需要确定运动物体的位置变化,确定位置要用点,点在坐标系中有精准定位的功能,可以对运动物体在空间中的位置变化进行准确描述,进而研究其运动规律。实际物体是有大小的,而不是点,怎么办?将物体收缩为一个能代表其运动情况的"点"即可。下一个问题是,用"点"能够描述物体的运动情况吗?研究机械运动必然会联系到与物体运动状态变化相联系的力,当力作用在不同质量的物体上,改变物体的运动状态效果是不同的,因此质量是研究物体机械运动的一个重要因素,在将物体简化为"点"时,必须保留物体的力学属性——质量，于是抽象出"质点"模型。再看"点电荷"模型的形成逻辑，比"质点"概念的形成逻辑更加外显且清晰。沪科版教材向学生展现了科学家的研究经历、遇到的问题、寻找解决问题的方法："18世纪中叶以前，研究带电体之间的静电力遇到三大困难：一是任意带电体上的电荷分布难以确定，无法确定相互作用的电荷间的距离……法国物理学家库仑巧妙地解决了这些困难。他根据电荷在金属球表面上均匀分布的特点，把金属球上的电荷想象成集中在球心的'点电荷'。这一模型就解决了测量带电体之间距离的问题。"根据这一段逻辑清晰的讲述，学生很容易理解"点电荷"模型是如何建立的，"点"的意义是能对带电体定位测距，而电荷是研究带电体之间相互作用和能量属性的必要因素。

　　物理量概念的形成逻辑较为复杂，通常先以观察、实验的方式获得感性认识，然后通过分析、比较、归纳等思维方式提炼出现象、事物的一些本质属性，再用文字加以概括，并给出定量的描述来反映本质属性的强弱、大小等程度。比值法定义是高中阶段最常见的定量描述方法，其中有一部分物理量是用来描述物质或物体的某种特性的，如电场强度 $E = \dfrac{F}{q}$、密度 $\rho = \dfrac{m}{V}$、动摩擦因数 $\mu = \dfrac{F_\mathrm{f}}{F_\mathrm{N}}$、磁感应强度 $B = \dfrac{F}{IL}$、电容 $C = \dfrac{Q}{U}$、电势 $\varphi = \dfrac{E_\mathrm{p}}{q}$、电势差 $U_{AB} = \dfrac{W_{AB}}{q}$、电阻 $R = \dfrac{U}{I}$、电动势 $E = \dfrac{W_{\text{非}}}{q}$ 等，虽然是用其他物理量的比值来表征的，但是其值不会随着用来表征它的其他物理量的变化而变化，对表征量没有依赖性；还有一部分是用来描述物体的运动、状态等现象特征的，如速度 $v = \dfrac{\Delta x}{\Delta t}$、角速度 $\omega = \dfrac{\Delta \theta}{\Delta t}$、加速度 $a = \dfrac{\Delta v}{\Delta t}$、压强 $p = \dfrac{F}{S}$、功率 $P = \dfrac{W}{t}$、电流 $I = \dfrac{q}{t}$ 等，其值会随着用来表征它的其他物理量的变化而变化，对表征量有依赖性。用比值法定义物理量的形成逻辑中，比较的逻辑方法是显然的,如同在生活中用单位质量的价值简称"单价",可以比较物体的贵贱,物理学中可以用单位时间、单位长度、单位电荷量、单位电压等作为比较标准。用单位物理量所表现出来的量值就可以表征物体或物质的某种特性或某个方面的特征,这是一个普适的逻辑,可以迁移到更广阔的学习和研究中去。

二、物理规律

物理规律是指物理现象、物理过程在一定条件下必然发生、发展和变化的规律,它反映了运动变化的各个因素之间的内在联系,揭露了事物本质属性之间的内在联系,通常表述为定律、定理、原理、定则、公式和方程等形式。物理规律中蕴含着丰富的学科逻辑,既有物理规律的内在逻辑,又有规律之间的关联逻辑。

1. 物理规律的意义

物理规律本身具有高度的概括性,用精辟的语言表述了某类物理过程中存在的内在本质联系和发展变化趋势,内涵丰富,是人们用来解释物理现象、解决物理问题的主要思维路径和手段。教师在教学中要引导学生理解规律所描述的物理现象特征和变化特点,把握好规律的适用条件。

中学物理中有一小部分的物理规律是用纯文字表述的,如平行四边形定则、牛顿第一定律、左手定则、右手定则、楞次定律、分子动理论、能量守恒定律、热力学第二定律等。绝大部分的物理规律都是用文字与关系式相结合的方式表述的,阐述了在一定条件下某些物理量之间的定量关系,如匀速直线运动的规律、匀变速直线运动的规律、胡克定律、滑动摩擦规律、牛顿第二定律、万有引力定律、动量定理、动量守恒定律、动能定理、功与势能的关系、功能原理、机械能守恒定律、波长与波速及周期的关系、气体实验定律、静电力与电荷量及电场强度的关系、欧姆定律、闭合电路伏安关系、安培力与电流及磁场的关系、洛伦兹力与运动电荷及磁场的关系、法拉第电磁感应定律,等等。

　　物理规律所表达的物理量之间的逻辑关联,在一定的适用范围内具有普遍意义,可以用来描述具有相同特征和变化特点的物理现象和物理问题。例如:$x=vt$ 表达了最简单的位移、速度和时间之间的关系,适用于所有匀速直线运动,包括波在均匀介质中的传播;$v=v_0+at$、$x=v_0t+\dfrac{1}{2}at^2$、$v^2=v_0^2+2ax$ 表达了直线运动中位移、速度和加速度之间的关系,但只适用于匀变速直线运动;$F_合=ma$ 表达了运动物体的加速度与所受合外力之间的关系,$W_合=\Delta E_k$,即 $F_合\Delta x=\dfrac{1}{2}mv^2-\dfrac{1}{2}mv_0^2$ 表达了合外力做功与物体动能变化之间的关系,$I_合=\Delta p$,即 $F_合\Delta t=mv-mv_0$ 表达了合外力的冲量与物体动量变化之间的关系,它们都适用于宏观、低速的领域;$m_1v_1+m_2v_2=m_1v_1'+m_2v_2'$ 表达了两个物体发生相互作用时的动量关系,适用于所有系统不受外力或所受合外力为零的情况;$\dfrac{1}{2}mv_1^2+mgh_1=\dfrac{1}{2}mv_2^2+mgh_2$ 适用于只有重力做功的系统;$W_G(W_{F弹}、W_{F电})=-\Delta E_p$ 表达了重力、弹力、静电力做功与各自对应的系统势能变化之间的关系,仅适用于各自对应的做功问题;$E=U_外+Ir$ 表达了电源端压与电流之间的伏安关系,适用于各种闭合电路;$E_感=n\dfrac{\Delta\Phi}{\Delta t}$ 适用于各种电磁感应现象……当我们需要从已知去探求未知,当我们试图在复杂的矛盾中抓住主要矛盾,明晰物理量之间的关系就显得十分重要了。

　　描述事物某一属性的物理量之间通常具有递进、并列、状态与过程的逻辑关系。例如,描述机械运动的位移、速度、加速度之间就是一种由表及里、层层递进的逻辑关系,将运动对时间的变化率逐步深入表达出来 $v=\dfrac{\Delta x}{\Delta t}$、$a=\dfrac{\Delta v}{\Delta t}$;描述周期运动的周期和频率(角速度、转速)之间就是一种并列的逻辑关系,$\omega=\dfrac{2\pi}{T}$、$f(n)=\dfrac{1}{T}$ 都只是表达了周期运动的快慢程度；描述电场能的性质的电势和电势差是一种状态与过程、相对与绝对的逻辑关系，$U_{AB}=\varphi_A-\varphi_B$ 展现了电场中能的变化与位置的变化之间的关系；描述电磁感应规律的磁通量、磁通量的变化、磁通量的变化率之间也是一种递进的逻辑关系，由粗到细地表达了回路在磁场中产生感应电流的原因及其定量关系……这些关联逻辑是促进学生深度理解物理知识、发展理性思维的重要载体。

而那些描述事物不同属性的物理量，结合在一起所形成的逻辑关系往往没有那么外显。在教学中我们发现，学生常常浅层次地记住这些表达式，将表达式中物理量之间的关系简单地看作是数学变量之间的关系，忽视了各个物理量之间的物理逻辑关系，容易造成一些错误理解。例如，在形式上呈现 $y=kx$ 特征的一些表达式 $F=ma$、$P=Fv$、$F=qE$、$U=IR$、$F=BIL$……学生基于对函数关系 $y=kx$ 的数学意义理解，会想当然地以为等式左侧的物理量与等式右侧的物理量成正比，它们之间真的存在这样的逻辑关系吗？在表达式 $F=ma$ 中，作用力 F 与加速度 a 之间是因果关系，F 是产生 a 的原因，可以说有 F 才会有 a，F 决定了 a 的存在；而质量 m 与加速度 a 之间是决定关系，m 只是决定 a 的大小的一个因素，却不能决定 a 是否存在，因此虽然可以说 a 与 F 成正比、与 m 成反比，但是 a 与 F、m 之间的逻辑关系还是有所区别的。再看 F 与 m，这两个物理量之间没有逻辑关系，所以说在同一个表达式中几个物理量之间的逻辑关系是不同的。类似的逻辑关系存在于表达式 $U=IR$ 中，电压 U 是形成电流 I 的原因，两者之间是因果关系，电阻 R 与电流 I 是决定关系，U 与 R 之间没有逻辑关系，所以只可以说 I 与 U 成正比、与 R 成反比，但不能反过来说。还有表达式 $F=qE$ 和 $F=BIL$，电场强度 E 与静电力 F、磁感应强度 B 与安培力 F 之间是因果关系，而检验电荷的电荷量 q、导线中的电流 I 和垂直磁场放置的导线长度 L 与静电力、安培力之间则是决定关系，所以可以说静电力 F 与 E、q 成正比，安培力 F 与 B、I、L 成正比。从以上四个表达式中可以发现，m、R、

E、B、q、L 是描述物体或物质特性的物理量,不会随着其他物理量的改变而改变,在与其他物理量相联系时所起的是决定作用。

再看表达式 $P = Fv$,在描述机车发动机输出的牵引力功率 P 与牵引力 F、速度 v 之间关系的情境中,通常人们可以通过操控功率 P 来实现对牵引力 F 和物体速度 v 的调节,而 F 与 v 之间还存在着制约关系。那么,究竟是 F 制约 v,还是 v 制约 F?细细思量一下制约关系的意义,A 制约 B 就是指 A 变 B 随之即变,这就意味着 B 必须是一个可以瞬变的物理量,按照这个逻辑推理得到的结论是:v 制约 F,所以当发动机输出的牵引力功率 P 为某一值时,牵引力 F 与运动速度 v 成反比。同样的,当密闭气体发生等温变化时,关系式 $pV = C$ 中的气体压强 p 与体积 V 也存在着类似的制约关系,p 是一个可以瞬变的物理量,故 V 制约 p,p 与 V 成反比。因果关系、决定关系、制约关系是物理规律中物理量之间最常见的逻辑关系,这些逻辑关系是理解物理现象本质的关键要素,教师在教学过程中应当高度重视。

2. 物理规律的得出

物理规律是前人在观察物理现象的基础上,找出能够表征现象特征的相关因素,并通过实验、推理等方式得出的相关因素之间的关系或是变化关系的结论,这个思维的过程非常重要。学生只有经过自主思维加工后得出物理规律,才能真正理解规律的意义,才能体会到规律的适用对象和条件,才能在真实的问题情境中准确运用。规律教学不可直接告知,不可沦为一味套用公式的训练,要注意在教师的指导下研究物理现象,经历前人探索规律的过程,学习如何从研究者的角度去提出问题、思考问题、分析问题、解决问题,体会科学研究的思维。

实验归纳法和理论演绎法是发现物理规律的主要方法。实验归纳法通常需要创设一个合适的情境,引导学生对实验对象进行观察、设计实验步骤、获取信息数据,随后分析数据归纳总结得出规律。胡克定律、牛顿第二定律、牛顿第三定律、向心力规律、电阻定律、单摆周期规律、气体实验定律、库仑定律、楞次定律、法拉第电磁感应定律等都是通过实验归纳法得出的。理论演绎法通常根据研究的问题，找出与问题相关的一些已知的物理规律作为基础，向着既定的研究方向，通过理论推导得到新的物理规律。动能定理、机械能守恒定律、动量定理、动量守恒定律、平抛运动规律、闭合电路欧姆定律等都是通过理论演绎法得出的。无论是实验归纳法，还是理论演绎法，在得出规律的过程中都需要呈现出清晰的逻辑线，引导学生通过一定的思维过程获得研究结果。

3. 物理规律的关联

物理规律既是独立的客观存在，又是互相关联地共同描述着客观世界。通常，同一领域的物理规律之间具有较强的关联逻辑，例如力学中的牛顿定律、动能定理、机械能守恒定律、动量定理、动量守恒定律之间的关联逻辑如图 1-1 所示。

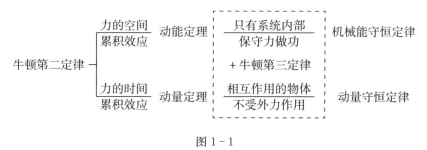

图 1-1

图 1-1 的逻辑结构显示，在宏观、低速世界中，牛顿定律是其他力学规律的基础，其他力学规律是牛顿定律在不同视角下的体现，从不同角度描述了力对物体作用效果的规律。分析实际问题时，常常看似有几个规律都可用，究竟该作何选择，取决于学生对各种规律的内容、条件和范围的把握。教学中要通过比较分析使学生弄清楚它们之间的关联和区别，才能帮助学生提升分析问题和解决问题的能力。这几个物理规律特征各不相同，牛顿第二定律描述改变物体运动状态的加速度与物体受力的关系；动能定理描述力做功与物体动能变化的关系，本质上对应了物体加速一段位移之后引起的速度大

小的变化情况;动量定理描述力作用与物体动量变化的关系,本质上对应了物体加速一段时间之后引起的速度大小和方向的变化情况。这三个物理规律均侧重于描述外力对某个物体作用下产生的运动效果,但牛顿第二定律直接对应加速度效果,动能定理直接对应位移效果,动量定理直接对应时间效果,分析具体实际问题时,可牢牢抓住加速度、位移、时间等关键要素确定运用哪一个规律来解决问题。牛顿第三定律是连通物体与物体之间运动关系和能量关系的桥梁;机械能守恒定律描述只有重力或弹簧弹力做功的物体系内部各部分的动能与势能的转化关系;动量守恒定律描述在只有物体间内力作用的情况下,物体系内部各部分的动量转化关系。这三个物理规律均侧重于描述物体之间的相互作用效果,分析具体实际问题时,可牢牢抓住物体之间相互作用的特点,根据研究对象的选择情况来确定是否适用。理顺相关物理规律之间的关联逻辑,使学生在脑海中建立清晰的物理规律逻辑架构,形成有效的思维路径,能使学生在面对真实问题情境时,懂得如何根据已知条件和问题来确定分析问题的切入角度,知道应该选择哪一个物理规律来解决问题,从而培养学生运用物理知识解决实际问题的能力。

　　不同领域的物理规律之间也存在一定的关联逻辑,物理观念常常可以统领多个领域的物理现象。例如,能量观念中"功是能量转化的量度"这一观念,就统领着存在于力学、热学、电磁学中多种物理现象的能量变化规律:合外力做功是物体动能变化的量度,重力做功是系统重力势能变化的量度,弹簧的弹力做功是系统弹性势能变化的量度,静电力做功是系统电势能变化的量度,分子力做功是系统分子势能变化的量度,一对相互作用的滑动摩擦力做的总功是系统内能变化的量度,电源中非静电力对电荷所做的功是电源中电能增加的量度,磁场对闭合回路安培力做的总功是回路中电能增加的量度。在"功是能量转化的量度"这个观念内部还隐含着更深层次的逻辑关系,保守力做功可以量度系统内的势能变化,体现出物理规律的统一性,学生如果能够建立这样的认知,那么脑海中的物理观念就会更加精练,解决问题的适应性就更强。

三、学科思维①

学生学习知识的过程也是一个学科思维形成与发展的过程,学科思维逻辑与学科知识逻辑紧密联系,知识的形成与衍生过程中蕴含着严谨的学科思维和丰富的学科方法。学生的学科思维发展需要载体,这个载体就是学科知识的学习过程,以学科知识逻辑为线索,引导学生跟随知识的来龙去脉、纵横关系进行思考和讨论,在深入体会学科知识以及知识间逻辑关系的同时,必然能亲身感受到学科思维在学科知识结构建立、发展过程中发挥的作用。物理教学要使学生在建构物理知识逻辑的过程中认识物理学科思维特点,掌握物理学科思维方法。

1. 物理学科思维特点

物理学科思维特点最常见的表现是抽象思维与形象思维的融合。物理学习的内容包含着丰富的感性素材和理性素材,各种各样的情景图片、实验装置、数据表格、图像资料等是形象思维的素材,物理概念、物理规律、推理结论等是抽象思维的基础。

研究物理问题时所画的各种示意图,很好地体现了抽象思维与形象思维的融合。例如,研究物体运动时所画的行程轨迹图,研究力学问题时所画的受力分析图,研究电路问题时所画的等效电路图,研究电磁学问题时所画的电场线、磁感线,研究气体状态变化时所画的气体体积、液面位置示意图等,都是将抽象的文字描述转换成形象思维的素材,可以帮助学生通过感知来获得对问题情境的理解,从而降低学生认知的难度,然后在此基础上再通过抽象思维分析得出应该运用什么物理原理来解决问题。

---

① 本书中的学科思维,即指物理学科思维。

运用定量的图像和矢量图来解决物理问题,充分展现了抽象思维与形象思维有机融合的高效性。例如,比较两个物体运动的快慢问题和相遇问题时画出 v-t 图像,讨论三力平衡时各力互相关系的问题时画出力平衡矢量三角形,都是简洁有效的解题路径。请看它们在以下问题分析过程中的妙用:

① 如图 1-2 所示,a、b 两小球分别同时从两条光滑轨道顶端 A、C 点由静止开始运动,A、C 两点等高,轨道底端 B、D 在同一水平面上,且两轨道长度相等,请分析说明哪个小球先到达轨道底端。

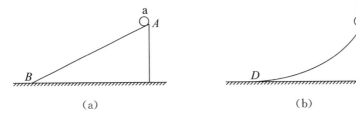

图 1-2

【分析】 此题若用纯计算法求解恐怕很难,但注意到两轨道光滑且高度、长度相等,满足机械能守恒条件,因此 a、b 两小球运动到各自轨道底端的速度大小相等,于是可以考虑作出速率-时间(v-t)图像。根据各自图线与 t 轴所夹的面积等于各自轨道的长度,作出符合上述条件的 v-t 图像,如图 1-3 所示,即可知 b 球先到达轨道底端。

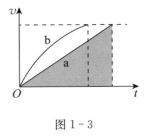

图 1-3

② 一质点从甲地到乙地做匀加速直线运动,试比较质点在全程中间时刻与中间位置的速度大小关系,并说明理由。

【分析】 这个问题可以通过计算得出结论,假设质点在甲、乙两地的速度分别为 $v_甲$、$v_乙$,根据匀变速直线运动的规律 $v = v_0 + at$ 和 $v^2 = v_0^2 + 2ax$ 可得:$v_{\frac{t}{2}} = \dfrac{v_甲 + v_乙}{2}$,$v_{\frac{x}{2}} = \sqrt{\dfrac{v_甲^2 + v_乙^2}{2}}$,然后通过作差或作商的方式比较 $v_{\frac{t}{2}}$、$v_{\frac{x}{2}}$ 的大小关系,可得:$v_{\frac{t}{2}} < v_{\frac{x}{2}}$。但是计算的过

程稍显复杂,同样可以通过作出 $v\text{-}t$ 图像(见图 1-4)进行比较,即可直观快速地得出结论。

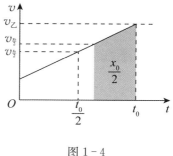

图 1-4

③ 如图 1-5 所示,质量均匀的光滑球夹在斜面与木板之间,木板可绕固定在斜面上的铰链转动。在木板由竖直位置开始逆时针缓慢转动至水平位置的过程中,请分析判断木板对球的弹力大小、斜面对球的弹力大小分别如何变化。

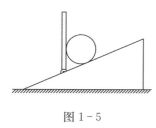

图 1-5

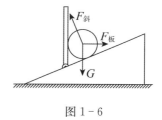

图 1-6

【分析】 对光滑球进行受力分析,如图 1-6 所示,光滑球在重力 G、木板的弹力 $F_板$ 和斜面的弹力 $F_斜$ 共同作用下处于平衡状态。当木板由竖直位置开始逆时针缓慢转动时,$F_板$ 的方向会不断变化,$F_斜$ 的方向保持不变,G 的大小和方向始终保持不变。分析此类动态平衡问题通常运用作图法就可以轻松解决,画出球的力平衡矢量三角形,如图 1-7 所示,根据 $F_板$ 的方向变化趋势,即可判断出 $F_板$ 先变小后变大,$F_斜$ 始终变小。即便有的同学想要运用计算法来得出答案,也要先画出力平衡矢量三角形,然后再运用正弦定理求解,显然无此必要,作图法足以清晰显示问题的答案。

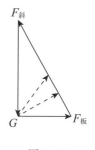

图 1-7

可见,在分析解决物理问题的过程中,形象与抽象相结合可以取得事半功倍的效果。

2. 物理学科思维方法

物理学科思维方法有很多，这里我们重点关注在高中物理教学中涉及较多的抽象概括方法、分析综合方法和推理论证方法。

（1）抽象概括方法

在物理教学中，抽象概括方法主要应用于建立物理概念的过程。在建构理想模型的过程中抽象概括方法的运用最为典型，模型建构是物理学科核心素养中科学思维的要素之一。

物理学研究的是自然界中广泛存在的各种物质结构、运动形式、相互作用等问题。实际问题所包含的各种因素纷繁复杂，对揭示事物的本质和规律有所干扰，必须根据研究对象和问题的特点，从研究的角度出发，忽略次要的、非本质因素，突出主要的、本质因素展开研究，才能看清、找到事物的本质属性和运动作用规律。建构理想模型就是这样一种物理学科思维，从实际物体或现象出发，根据所要研究问题的角度，突出主要因素，舍弃次要因素，将研究对象或过程简化为理想化的形态，以便准确揭示事物的本质和规律。要使学生理解物理模型思维的关键，就在于教师引导学生体验模型建立的过程，让学生感悟到什么是研究问题的主要因素，模型是怎样突出了主要因素而忽略次要因素，从而达到简化的目的。

高中物理研究的对象基本上都是理想模型，包括物体理想模型、过程理想模型、条件理想模型和辅助理想模型。物体理想模型是将实际物体本身抽象为理想化的研究对象，如质点、弹簧振子、单摆、点电荷、理想气体等；过程理想模型是将物体状态变化过程理想化，如匀速直线运动、匀变速直线运动、自由落体运动、平抛运动、简谐运动、简谐波、完全弹性碰撞、等温变化等；条件理想模型是将物理问题中的条件理想化，如光滑、轻质、无限长等；辅助理想模型是形象化描述物质某种特性的假想物，如电场线、磁感线、光线等。

在解决实际问题时，理想模型发挥了极其重要的作用，首先要确定实际研究对象所对应的物体理想模型，然后要找到与实际过程相对应的过程理想模型,再根据问题情境中的条件理想模型进行分析和解答。因此,物理模型思维是解决实际问题的钥匙,部分学生学不懂物理的原因就是缺乏模型思维,陷在一堆情境文字中找不到正确的物理模型,自然就无从应对了。

（2）分析综合方法

分析综合方法是解决物理问题的主要手段,隔离法、整体法、微元法、控制变量法、等效法等都是较为典型的应用。这些方法的逻辑是什么,运用的逻辑是什么,认识到位才能合理运用。

以等效法为例,其本身的逻辑是,在保证某种效果相同的前提下,用便于研究的对象或过程来代替不方便研究的对象或过程的研究方法;其运用逻辑是,首先明确研究问题的具体特征,然后寻找熟悉的具有相同特征的替代物,将替代物的规律和求解方法迁移到原问题中进行研究,得出结论。在高中物理课堂教学中,经常会运用等效法来思考解决问题,学生可以在学习活动中不断强化对等效法本身逻辑和运用逻辑的理解:在研究变速直线运动位置变化快慢的特征时,就用一段相同时间内发生相同位移的匀速运动来替代,并运用描述匀速运动快慢的方法,引入平均速度来描述变速直线运动的快慢,抓住位移和时间相同这一特征;在研究物体受力产生的整体效果时,就用合力来替代几个力,在研究物体受力产生的局部效果时,就将一个力拆解为两个分力来分析,抓住力的作用效果相同这一特征;在研究平抛运动的规律时,就用能产生相同运动轨迹的两个简单的分运动——水平方向的匀速运动和竖直方向的自由落体运动来替代,并运用描述匀速运动和自由落体运动的规律来描述平抛运动的速度和位置随时间的变化规律,抓住轨迹和时间相同这一特征;在研究某一部分纯电阻电路的电阻特性时,就用等效电路、合并电阻的方式进行简化,抓住电路两端电压和电流相同这一特征;在研究含源电路对其他电阻的供电效果时,就用等效电源的方式进行简化,抓住含源电路的路端电压和电流相同这一特征……

（3）推理论证方法

推理论证方法是科学探究中最重要的思维形式，只有对物理现象和实验数据进行推理和论证，才能得到科学的结论和结果。

推理就是由一个或几个已知的判断，利用逻辑推导出一个新的结论的思维过程，一般可以分为类比推理、归纳推理和演绎推理。推理是物理学中非常重要的研究方法，知识的逻辑和思维的逻辑，既是推理的依据，也是推理的规则。

类比推理是依据两个或两类对象在某些属性上相同，推导出它们在另外的属性上也相同的一种推理方法。类比推理是一种富有创新力的推理方法，是科学家提出科学假说的重要途径。例如，卢瑟福把原子的结构与太阳系进行类比，原子核犹如太阳，在整个系统中占据了中心位置，电子和行星被束缚在它们的周围运动，太阳通过万有引力使行星绕其运动，那么原子核通过库仑力使电子绕其运动，于是原子的核式结构模型假说诞生了。又如，德布罗意把实物粒子与电磁波进行类比，既然电磁波具有粒子的属性，那么实物粒子也可以具有波动的属性，由此提出了所有实物粒子都具有波粒二象性的假说。再如，电荷间的作用力与距离之间的关系，是英国化学家普利斯特莱根据实验现象用类比方法作出的猜想。他将用丝线悬挂的软木球放入绝缘金属架上的带电金属罐内部，软木球在任何位置都不受静电力，这一特征与物体处在具有万有引力的物质构成的均匀球壳内不受引力作用的事实相似，于是用类比方法可知电荷间的作用力与万有引力一样，也遵循与距离平方成反比的规律。后来，法国科学家库仑通过扭秤实验进行论证，并建立了库仑定律。

科学归纳推理是由特殊到一般的推理方法，由特殊具体的事例推导出一般的原理。自然界中的一般原理都存在于个别、特殊的具体对象、现象之中，通过认识个别，能够更容易发现一般。在物理研究中，科学归纳推理发挥了很大的作用，虽然科学归纳推理属于不完全归纳推理，但是科学归纳推理依靠严谨的科学分析得出的结论具有相当的可靠性,经得起实践的检验。科学归纳推理在物理概念和物理规律的建立过程中发挥着重要作用。例如,伽利略在研究小球沿斜面运动的规律时,测量了上百次小球在不同倾角斜面上运动的数据后,归纳得出:在倾角相同的斜面上,小球由静止开始向下运动的距离 x 总是与所用时间 t 的平方成正比;更换不同质量的小球,x 与 t^2 的比值保持不变,说明小球运动的快慢与小球质量无关;斜面倾角越大,x 与 t^2 的比值越大,可见小球在斜面上做的是从静止开始的、速度随时间均匀增加的运动。

演绎推理是由一般、普遍到个别、特殊的推理方法。运用时,首先要正确掌握作为依据的一般原理,其次要全面了解所要研究问题的特殊性,然后才能推导出一般原理用于特定问题的结论。如果演绎推理的依据是经过长期实践验证的理论,那么推理得出的结论就是可靠的。例如,库仑关于"一个均匀带电球体(或球壳)在球的外部产生的电场"所进行的推理,将一个试探电荷 q 放在距离球心为 r 处,根据球的对称性和力的叠加原理可以推理得到:"上下两个半球对试探电荷 q 的静电力合力方向一定沿着球心与试探电荷所在位置的连线方向,若用一个等效点电荷来表示这个均匀带电球体,那么点电荷的位置也一定在这条连线上且一定在球内;若存在一个普遍规律的话,那么无论这个球体的半径 R 为何值(只需满足 $R<r$),这个等效点电荷的位置都会存在,可以推测这个等效点电荷的位置只能在球心上。"实践也证明这个结论是可靠的。若演绎推理的依据是人们对一些未知规律的现象进行科学研究时所作的假说,那么推理得出的结论须经过实践证明后才能确定其可靠性。

论证就是由一个或几个已知的判断,通过推理确定另一个判断的真实性的思维过程。论证在物理教学中随处可见,概念教学、规律教学、习题教学都会通过对一些判断的论证,使学生理解新概念、掌握新规律、解决新问题。我们常用的论证方式有演绎论证、枚举例证、反证法、归谬法。例如,论证"电场线分布如图 1-8 中实线所示的

电场是不存在的",运用的就是反证法:假设存在这样的电场,若将一点电荷沿图中虚线所示的矩形路径运动一周,则会产生电场力做功$|W_{AB}| > |W_{CD}|$的情况,继而推理得到点电荷运动一周电场力做的总功不等于零的错误结

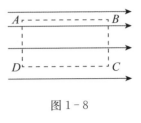

图 1-8

论,由此证明图示的电场是不存在的。再如,伽利略论证亚里士多德通过观察得出的论断"越重的物体下落得越快"时,运用的就是归谬法:他指出大石头比小石头下落的速度大,那么把大小石头捆在一起下落时,大石头会被小石头拖着而减慢速度,因此整个系统下落的速度应该小于大石头下落的速度;但两块石头捆在一起后更重,下落的速度应该大于大石头下落的速度,由此推理得出两个相互矛盾的结果,说明论断不能成立,从而得出了"物体下落的快慢与它的轻重无关"的结论。

第二节 物理学习逻辑

学习逻辑是指学生认知事物的基本过程和合理顺序。它包含认知习惯、思维方式、理解能力等学习要素,具有主观性,表征的是学生学习结果的获得过程和学科知识的建构过程。学习逻辑在学生学习难点内容时起到了决定性的作用,同样的学科知识以不同的过程和顺序出现会产生截然不同的学习效果。

一、从旧知往新知

人的认知都是建立在旧知基础上的,旧知是人们发现问题、分析思考的基础,容易激发人们学习的欲望,感受到自己有进一步学习的能力,享受到运用旧知的乐趣。人们天生会对完全陌生的事物产生畏惧感和排斥感,对全新的知识也会产生无助的情绪。俗话说"万事

开头难",学习也是一样,但凡人们对事物有了一些初步的了解,就会被一种欣喜的情绪感染去试图揭开更多的秘密,从而开启一种内循环激励模式,不断学习,不断深化,不断拓展。

1. 引旧知新

高中物理知识中有的与初中旧知有着相近的意义,在学习过程中很容易引起学生的联想,此时教学就应当建立在学生联想的基础上,引导学生体会旧知的物理意义和局限性,进而建构出新的知识。例如,在学习"位移"时,学生的旧知基础是路程,学生已经习惯用路程来描述物体的运动情况,教师可以通过活动让学生体会到路程在确定物体位置变化时的无能为力,于是设计类似这样的活动:小明同学从学校门口出发走了 100 m,请在老师给出的地图上标出小明同学运动后的位置。通过这个活动,学生对路程和位置的理解展露无遗:有的学生感觉无从下笔,找不到确切的位置;有的学生会画出一个圆圈,似乎对应了所有可能的位置;也有学生会在某个方向画出一个确切的位置。答案的不确定性激发了学生的思考,但最终发现用路程来描述运动物体位置的变化行不通,必须用运动的方向和路程这两个要素才能确定物体位置的变化情况,从而理解建立位移这个物理量的必要性和其内涵,即在已有旧知的基础上完成新知的建构。

又如"速度"这个物理量,与初中有着相同的名称,不妨由初中时的定义入手,理解其新内涵。沪教版初中教材中写道:在物理学中,我们把物体在单位时间内通过的路程,叫作该物体运动的速度。通过高中教学要让学生明白,初中的说法沿用了生活习惯,生活中人们习惯将物体运动的快慢叫作速度,而初中只研究匀速直线运动,不涉及运动方向的变化,所以无须突出速度的矢量性。高中物理开始研究较为复杂的运动,运动方向的问题自然不可忽略,因此需要重新认识速度的定义:位移与发生这段位移所需时间的比称为速度。从位移的矢量性不难理解速度的矢量性。

2. 深化旧知

高中物理知识中有的是对初中旧知的深化,激发学生回顾初中相关知识开展再学习是最好的一种方式。初中物理学习大多是对生活中常见的物理现象建立感性的认识,这是高中学生学习的基础和起点,教学要从现有水平开始循序渐进才能产生好的效果。例如,初中教材说"如果甲物体对乙物体施加一个力的作用,那么同时乙物体也对甲物体施加一个大小相等、方向相反的作用力"。那么牛顿第三定律的教学就可以从初中的这个结论引入,教师提出两个学习要求:一是请学生设计方案证明初中的结论;二是请学生思考,关于"两个物体之间相互作用力的关系"可以进一步研究的问题。通过分析讨论,学生对一对相互作用力的认识得以全面深化。再如,初中学生对基本的串联和并联电路中电压、电流、电阻之间的关系非常熟悉,那么串联、并联组合电路的教学就可以从三个电阻组成两个并联后串联一个或两个串联后并联一个的结构展开讨论,引导学生运用并联总电阻和串联总电阻的方法,进行组合电路中电阻的等效替代,实现电路结构的简化,从而建立分析复杂电路的基本思路,实现对电路中各部分电压、电流、电阻知识理解的进一步深化。有关磁场、功、动能和势能的学习都是在初中学习基础上的深化,高中教学不能撇开初中的认知基础另起炉灶,人为打破知识学习的连续性,否则会让学生产生一种过往知识学而无用的错觉,不利于学生学习习惯和思维能力的培养。

3. 升级进阶

高中物理知识中有的是在初中旧知基础上的升级进阶,学习内容升级具有一定的难度,以旧知的学习经历和研究方法作为引入和铺垫,顺应学生的思维反应和发展,可以有效降低认知难度,促进学生学习。例如:共点力平衡是二力平衡的进阶学习,运用力的合成分解知识与二力平衡原理相结合,就可以轻松获得升级后的多力平衡问题的解决策略;分子动理论也是在初中基础上的进阶学习,初中学生对分子动理论所表达的宏观现象有着比较丰富的感性认识,但是对理论本身的理解比较浅薄,高中物理从微观角度结合学生熟悉的宏观现象进行详细的分析和论证;闭合电路是串联或并联电路的进阶学习,初中学生对不含源电路的能量转化问题有所了解,从运用能量转化和守恒观点分析闭合电路中的能量关系入手,学习闭合电路中电动势、内阻、端压与电流的关系就不那么难了;用定量的方法描述磁场的强弱是用磁感线描绘磁场分布的进阶学习,学生在定性理解磁场各处有强弱、有方向的基础上,引入检验电流定量探测磁场的方法就是一个很自然的小进阶了……多年教学经验显示,初中学生对于旧知的掌握情况相当不错,教师从旧知基础出发,找准讨论的切入点,就能使学生轻松上路,自然进入进阶学习。

二、从具象至抽象

儿童对事物的认知大多是建立在具象基础上的,他们从对现象的观察开始建立起对事物的初步印象,或是会自主地发现一些感兴趣的问题产生思考,或是会在他人的引导下进行一些定向的思考和分析。对现象的触摸观察越丰富、越细致,产生的思考和领悟就越多,认知能力和认知水平的提升也就越迅速。高中生虽然已经具备了一定的知识储备,但是抽象思维水平还较低,必须在真实、合适的学习情境中,通过具象活动形成对概念和规律的认知。

1. 观察现象

观察现象是学生认知的起点,观察不同于一般意义上的看,它是有目的的。观察的对象可以是实物、图片、视频或者课堂实验,不同的对象可以达到不同的观察效果。

实物呈现的是真实的立体感,能给学生一些空间感知。例如磁铁周围的磁场分布情况,平时看到的都是画在纸上的图片,学生缺乏空间感,如图 1-9 所示的实物装置就能帮助学生建立磁场的空间观念。图片呈现的大多是静态的现象,因其便利性,经常被用于课堂的引入环节。对于

图 1-9

学生曾经见到过的情景,图片或许能引起学生的共鸣,但是对于学生未曾见过的情景,图片的作用有限,难以清晰表现出一些复杂的结构或情景,所以教学效果欠佳。视频的优点是动感十足,能将真实的场景和现象在大屏幕上显示出来,为学生提供了广阔的视角,特别是视频的慢放功能可以将快速变化的过程缓缓地展现出来,便于学生进行细致的观察,这是视频独有的优势。网络上虽然有很多现成的视频,但是符合我们教学要求的视频并不多。好多视频看似内容差不多,但是拍摄的角度和重点往往并不符合我们的教学需求,因此教师应当积极参与教学视频制作或剪辑,这样才能更好地满足自己的教学需求。课堂实验能带给学生现场体验感,本应该是最好的观察对象,但是因为实验器材都是体型比较小的装置,现场实验的效果往往不怎么好,要么是教室后排的学生看不清楚,要么是坐在不同方位的学生观察到的现象不一样,还有像静电类的实验受环境影响大,现场实验经常做不成……为了达到更好的实验展示效果和观察效果,可以预先录制好实验视频,在课堂上配合现场实验一起使用,有利于教师指导学生观察现象,获取有用信息,实现实验教学的功效。

2. 体验过程

体验是加深学生对具象的感知,引发自身内心感受的重要路径。体验的方式主要是学生自主活动、学生实验。

自主活动具有较大的灵便性,就地取材,操作简便,可以在任意教学环节中随时进行,是一种非常好的教学活动形式,能充分体现学生学习的自主性。例如在沪科版物理教材"力的分解"一节中,如图1-10所示的自主活动,能够让学生亲身体验由钩码拉力产生的对手指和手掌的作用效果,从而使学生对原本比较抽象的力的分解意图和方法有了真实的感受,进而理解什么是根据力的作用效果进行分解。再如,在"让学生体验使物体做圆周运动的向心力是物体实际受到的指向圆心方向的合外力"的环节,传统的方式是教师举出一些事例来引导学生分析得出结论,其实用自主活动的方式会产生更好的

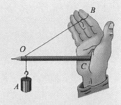

自主活动

用铅笔、细线把一个钩码按如图3-31所示的方式悬挂起来，谈谈悬挂钩码后手指和手掌有什么感受。根据感受，谈谈可以沿哪两个方向分解钩码对 O 点的拉力，你为什么这样分解？用作图法画出这两个力。

图3-31　钩码对 O 点的拉力的作用效果

图 1 - 10

学习效果:要求学生自己设计一个物体做圆周运动的情境并展示出来,同时指出向心力的来源。这样的自主活动不但能激发学生的想象力和创造力,而且有一定的挑战性,让学生在失败中不断思考改进的方法。

学生实验是更加全面丰富的体验活动,从明确实验目的、设计实验方案、搭建实验装置、收集实验数据,到分析数据、得出结论,环节较多,步骤复杂。对实践能力较强的学生而言,学生实验能够帮助学生对科学研究过程建立比较全面的认识和体验,从真实的现象中发现抽象的结果和规律,是学习知识、培养能力的绝佳路径。但是,对实践能力较弱的学生而言,学生实验效果并不理想,或不知做啥,或遇难而退,或草草了事。因此,在学生实验中教师往往顾此失彼,难以兼顾所有的学生,这也是目前实验教学的难题之一,希望未来能找到好的解决方法。

3. 提炼知识

提炼知识是学生对事物认知从具象走向抽象的必经之路,意味着学生对事物的关注从感官转向思维,如此才能逐步形成抽象意义。

例如,对学生而言,"弹力"这个概念非常抽象,他们很容易接受推力、拉力、支持力、压力、浮力这些力的名称,但却会很自然地把弹力限定为弹簧对物体的作用力,也很难想象弹力是指那一大群力。于是,教师要引导学生在一堆推力、拉力、支持力、压力、浮力的情境中提炼出"物体发生形变想要恢复形变"这一关键要素,只有让学生

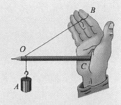

第一章　高中物理教学之规

25

在这些情境中观察到各种物体相互作用时产生的形变具象,才能提炼出弹力的形成特点和作用特点。判断弹力的方向对不少学生而言是学习难点,遇到不熟悉的情境往往就吃不准物体之间的弹力方向究竟指向哪里,究其原因就是学生在学习弹力的过程中对各种形变的具象认识不够充分,未能在思维层面上完成对其物理意义的提炼,未能形成从形变本质上推断弹力方向的思维方式。事实上,从性质出发来命名力都是比较抽象的,学生在理解上会比较困难,因此在教学中设计对相关具象的观察和体验,并以此为基础引导学生提炼建立抽象的意义,是较为有效的做法。

再看重力,虽然是学生最为熟悉的一种力,但因为是场力,而且是分布在地球周围很大空间的场力,我们无法在课堂上、生活中设计相关活动来研究重力场的空间变化情况形成具象认识,所以高中物理教材中都不涉及对重力场的讨论。教材一般都将静电场作为研究场作用力的对象,可能就是因为静电场的空间分布变化比较明显,在实验室里就可以进行具象研究,在此基础上引导学生进行抽象思维,从而建立"场"这种特殊形态物质的概念。

观察、体验和提炼是学生从具象到抽象认知的三个主要环节,通常结合在一起使用会产生较好的认知效果。例如,机械波在生活中普遍存在但又不容易被观察到,对学生而言学习难度较大,不少学生是靠做题目来认识机械波的,其实并没有真正理解机械波的产生和传播特点。教师通常会在教学中会设计一些相关实验,为学生创造观察具象的机会,帮助学生认识机械波。实验室里有一种如图 1 - 11 所示的横波演示器,被用来模拟横波的形成过程,但笔者认为使用这个装置进行横波教学并不能让学生真正理解横波的形成原理,学生无法观察到介质中质点是如何做受迫振动的,很难理解引起质点振

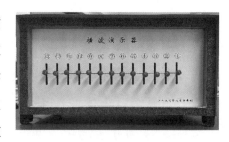

图 1 - 11

动的力来自哪里,也就无法提炼出横波产生的原因和传播的条件。相比之下,笔者认为将绳波作为课堂上观察横波产生与传播现象的载体更合适,教师可以预先录制好一段绳波的视频,让学生在观看视频的基础上,模仿视频里的方法自己用绳子创建几段 $\frac{1}{4}\lambda$、$\frac{1}{2}\lambda$、$\frac{3}{4}\lambda$、λ 的绳波,亲自体验波是如何形成的,与波源的振动有什么关系,波的传播有何特点,最后组织学生交流讨论,作好提炼总结。通过亲手操作和对具象的观察,学生对横波的认识就是活灵活现、印象深刻的,其抽象程度会大幅降低,学习效果会有所提高。声波是最常见的纵波,可惜学生无法直接观察到,但实验室里的纵波演示器(见图 1 - 12)却能很好地演示弹簧线圈形成的纵波,非常真实清晰,学生通过观察就能理解纵波的产生和传播特点了。在此基础上教师还可以再演示如何通过间接的方式来观察声波传播产生的效应,进一步丰富学生对声波的认识,延续初中阶段对声波的学习。总之,高中物理教学中为学生创设具象的学习资源和环境能有效促进学生的学习。

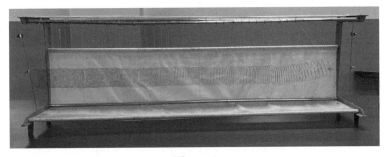

图 1 - 12

三、从知识到应用

　　学生对知识的认知不是一蹴而就的,而是一个螺旋式上升的过程。不少教师觉得高考的难度越来越大,所以在教学中就会产生焦虑情绪,往往会加快新授课教学的进度,留出更多的时间进行练习,而且大大压缩基础题的数量,快速地展开综合应用的练习和讲解。

曾经遇到过这样的情况,某教师在电磁感应规律应用的新授教学中,选用了一道根据高考电磁感应压轴题改编的题目作为例题。问题设计很全面,既讨论了导体棒的平衡问题和动力学问题,又讨论了回路中的能量问题和电量问题,结果发现绝大部分学生来不及反应,跟不上教学的节奏,教学效果很差。显然这位教师忽略了学生从无到有、由浅入深、由点到线的学习特征,在学习新知识的初期就一味求全求深,违背了循序渐进的认知原理,即使教师的分析讲解非常精彩,却也无法得到令人满意的教学效果。学生从接触一个新知识或是学习一种新规律到将其内化为自己的知识结构需要经历一个过程,这个过程需要时间,思考的时间、模仿的时间、感悟的时间,哪个环节都不能少。虽然存在个体差异,每位学生所需时间长短不一,但总体而言这个过程都不可能是一节课、一天、一个星期能够快速完成的,学生需要在持续的学习过程中通过一定量的由低到高的思维活动来提升思维能力,千万不可操之过急,违背思维发展规律。

学生思维逻辑的发展通常要经历理解新知、模仿练习和迁移应用三个过程。

1. 理解新知

学生从对新知识的感知开始形成思维的起点,然后在教师的引导和自主参与过程中形成感悟、凝聚出知识的雏形。此时的思维层次相对较浅,需要通过一些能帮助学生理解知识本身的教学活动来强化对新知的认识,于是可以设计一些容易产生错误认识的、容易产生概念混淆的或是理解片面化的问题,使学生的认知误区和思维问题暴露出来,及时予以纠正,从而促进对新知识的正确理解和思维的正向发展。例如在学习了"力的分解"相关知识之后,教师设计了以下问题:

如图 1-13 所示,一物块被置于光滑斜面上,其受到的重力 G 被分解为 F_1、F_2 两个力。请判断下列说法是否正确,并简述理由。

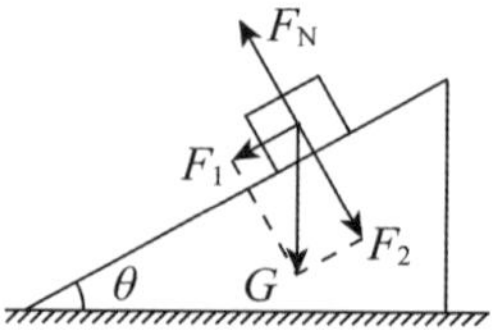

图 1-13

（1）F_1 是使物块下滑的力，F_2 是物体对斜面的压力；

（2）物块受到了 G、F_N、F_1、F_2 四个力的作用；

（3）力 F_N、F_2 的作用效果相同；

（4）力 F_N、F_1、F_2 三个力的作用效果与 G、F_N 两个力的作用效果相同。

以上问题的教学功能是：

（1）诊断学生是否理解分力的作用对象与原来的力的作用对象相同；

（2）诊断学生是否理解分力与原来的力不能共存，它们之间是等效替代关系；

（3）诊断学生是否理解 F_N 与 F_2 作用在同一对象上，是一对平衡力，作用效果可以抵消；

（4）诊断学生是否理解分力与原来的力是等效替代关系，作用效果相同。

通过这样的问题辨析，学生的认知误区和思维问题就可以暴露出来。在学生回答、讨论及教师分析讲解的过程中，学生对力的分解的意义、分力与原来的力之间的关系的理解就会更加透彻，为之后正确运用力的分解知识解决问题打好基础。

2. 模仿练习

学生形成新知识之后并不能自然具备应用能力，需要教师的逐步引导，模仿就是教师引导的第一步。通过模仿练习，教师要指导学生建立新知识与问题情境之间的联系，熟悉新知识的适用条件和使用规则，使学生初步形成应用新知识解决问题的基本思路。例如在形成了"磁通量"概念之后，对于怎样应用磁通量概念来解决问题，教师设计了以下情境：

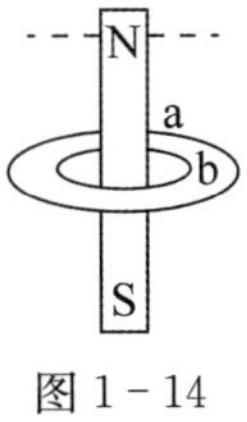

如图 1-14 所示，两个单匝线圈 a、b 处于同一水平面内，所围的面积分别为 S_a 和 S_b，且 $S_a > S_b$。将一根条形磁铁置于两线圈中，则穿过它们的磁通量 Φ_a 和 Φ_b 大小

图 1-14

关系为 Φ_a＿＿＿＿Φ_b（选填"＞""＜"或"＝"）；若将线圈 b 向上平移至虚线位置,则其磁通量与原来相比会＿＿＿＿（选填"增大""减小"或"不变"）。

通过此情境,教师引导学生关注磁感线穿入和穿出空间面的效果是相反的,会互相抵消;同时又要关注磁铁的内部和外部都有磁场,处于不同位置的空间面,磁感线穿过的情况是不同的。之后,教师在课后作业中又布置了如下问题,让学生做模仿练习,起到巩固知识、拓展应用的作用。

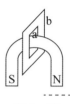

如图 1-15 所示,两个单匝线圈 a、b 处于同一竖直平面内,所围的面积分别为 S_a 和 S_b,且 $S_a > S_b$。将一块 U 形磁铁置于两线圈中,则穿过它们的磁通量 Φ_a 和 Φ_b 大小关系为 Φ_a＿＿＿＿Φ_b;若将两线圈一起移至虚线位置处的水平面,则 Φ_a＿＿＿＿Φ_b。（均选填"＞""＜"或"＝"）

图 1-15

此作业情境是对课堂学习的呼应,将条形磁铁换成马蹄形磁铁,将线圈从套在磁铁外面换成移出磁铁,让学生在发生一点点小变化的情况下,模仿课堂的分析思路,以促进学生有效思维的形成。

模仿是成就从知识学习到知识应用很关键的一步。打个比方,知识就好比是食材,要让食材变成美味的佳肴就得有做菜的方法,模仿就是厨师教授做菜方法的过程,学会了方法之后就可以迁移应用到制作其他同类菜肴中去,这就是教学的意义。

3. 迁移应用

建立了知识,经历过简单的模仿练习,学生的思维就可以进入一个快速发展期,向着迁移应用的方向迈进。知识应用的专题教学是学生实践迁移应用、发展思维逻辑的重要环境,教师通常会设计一些有层次、有变化、逐步复杂的问题情境来锻炼学生的思维能力,学生通过分析、比较、归纳,不仅可以建立正确的思维方式,而且可以发展思维的深度和广度。当学生的基本思维框架建立起来之后,就可以挑战一些综合性较强的问题，进行思维逻辑训练，使思维逻辑的顺序性、整体性和综合性得到发展提升。

教师经常会听到一部分学生反映说："我上课的时候明明都听懂了，但是自己拿到题目就是不知该从何入手，很苦恼！"实则就是学生仅仅是听懂了教师讲授的问题解决路径和方法，但未能内化为自己的思维，自然会在问题情境发生变化时感觉力不从心，不知道该用什么、怎么用。因此，教师在授课过程中要尽量采用引导式、启发式的教学方法，从读题审题、提炼信息、问题归类、选择规律、结果判断等各个环节入手，指导学生如何看、如何想、如何解、如何判，给学生留足思考和练习的时间，使他们一步步地想明白、理顺思路，悟出自己的解题之道，这样才能实现自如的迁移应用。

第三节 物理教学逻辑

物理教学过程是教师、学生、物理知识三位一体相互作用、实现共情的过程，既有客观存在的教师专业能力、学生基础能力、物理学科知识，又有教师和学生的主观意识、情感贯穿于其中，因此物理教学必然是基于客观存在与主观意向的教与学的逻辑结合体。物理教学必须同时满足两方面的需要，一是完成物理学科知识教学的需要；二是培养学生物理学科核心素养的需要。前者须重点关注物理学科逻辑，后者须重点关注学生学习逻辑，在课堂教学中实现二者统一，就产生了物理教学逻辑。

一、以素养养成为目标

物理教学逻辑必须以促进学生物理学科核心素养的养成和发展为目标。物理学科核心素养是物理学科育人价值的集中体现，形成物理观念、发展科学思维、实践科学探究、培养科学态度与责任是高中物理教学育人的基本任务。

1. 教学内容显素养

设计教学内容要充分体现物理学科核心素养的要求。知识内容的呈现要有先后的逻辑关联,加强新旧知识的联系,帮助学生的知识结构不断扩充壮大,促进物理观念的形成;知识的习得过程要体现思维的逻辑性,知识的来龙去脉、内涵外延和应用规则,都能用科学的思维方法学懂弄通;知识的习得方式尽可能使用科学探究,简单的或是复杂的都可以尝试,以培养学生的探究能力。设计教学内容的首要原则就是基于课程标准、基于核心素养。

2. 任务活动促素养

设计围绕教学内容的任务活动能够让学生的大脑动起来、身体动起来,投入学习活动,用任务活动驱动学生思考问题、动手实践、体验感悟,让学生经历旧知的调用、新知的形成、现象的分析、结论的推导、问题的论证等过程,从而促进物理观念的形成、科学思维的发展、探究能力的提升、科学态度与责任的培养。

任务是学生学习的目标和动力,只有难度适当的任务才能起到正向驱动的作用。难度太大的任务可能会引起学生一时的兴趣,但热情很快会消退,没有难度的任务又会让学生觉得太容易完成,同样体验不到成功的乐趣。任务涉及的范围越大,难度就越大,比如"研究自行车的运动"的任务难度就比"研究自行车车轮上质点的运动"大。看似有更多研究视角和切入点的任务,对学生而言却难以选择,所以在教学中需要把大任务分解为小任务,如"研究自行车内部的传动运动""研究如何提高自行车的速度""研究如何让自行车安全转弯"……给学生指出小而明确的研究方向,才能有效驱动学生参与活动。活动的形式开放一点、有趣一点,能激发学生自主、投入的精神,获得更好的学习经历,促进素养发展。

二、以学生学习为根本

物理教学逻辑必须以促进学生学习为根本。每位教师都会有基于自身经历和经验的教学思考,对普遍性的教学规律形成个性化的观点和主张,并将自己的想法应用于具体的动态教学过程。虽然不同教师对教学规律的认识和思考不同,而且自身对教学规律的认识无法在短时间内发生大的变化,但是对所教学生认知水平和能力的认识是处于不断发展中的,学生状况是教师进行教学设计的重要依据。因此,教学逻辑体现了教师对学生学习的关注,体现了教师因材施教、因势利导的教学理念和教学策略。

1. 因材施教

学生学习物理知识的过程是在自身原有的物理知识结构和认知能力基础上的一种有序扩充过程。高于学生知识结构和认知能力的教学过程会使学生产生茫然、焦虑的学习情绪,低于学生知识结构和认知能力的教学过程又会使学生产生无趣、厌烦的学习情绪,只有适当的教学过程才能使学生的学习情绪积极、饱满,所以因材施教始终是教师对教学的追求和目标。按照知识结构和认知能力的高低,可以将学生分为四类:高知识结构高认知能力的学生、高知识结构低认知能力的学生、低知识结构高认知能力的学生、低知识结构低认知能力的学生。针对这四类学生,教学逻辑应有所不同:为"双高"学生设计的课要讲求自主探究、质疑研讨、引导创新;为高知识结构低认知能力学生设计的课要讲求问题启发、分析点拨、引导思维;为低知识结构高认知能力学生设计的课要讲求复习回顾、创设情境、引导建构;为"双低"学生设计的课要讲求层层引导、细致分析、加强巩固。

以"楞次定律"教学为例,适合高知识结构高认知能力学生的教学设计可以是:为学生提供多样化的实验器材,让学生根据器材自行设计探究方案并完成实验,依据实验现象进行分析推理归纳得到初步结论;然后由教师组织进行交流、讨论和评价,在此基础上形成统一认识,得出楞次定律。适合高知识结构低认知能力学生的教学设计可以是：为学生提供多样化的实验器材，让学生根据器材自行设计探究方案，然后由教师组织进行方案交流，引导学生认识各种方案的可行性和实验操作要点；在此基础上学生根据完善后的实验方案完成实验，教师将学生得到的实验现象全部呈现出来，引导学生进行分析推理，得出楞次定律。适合低知识结构高认知能力学生的教学设计可以是：首先帮助学生回顾相关知识，联系所要探究的物理现象，指导学生设计探究方案；然后由学生自行完成实验并依据实验现象进行分析推理归纳得到初步结论；最后由教师组织学生进行交流、讨论和评价，在此基础上形成统一认识，得出楞次定律。适合低知识结构低认知能力学生的教学设计则应体现教师的一路引领和相伴，从回顾相关知识到引出所要研究的物理现象，从指导学生设计、确定探究方案到指导学生完成实验并记录现象，再到指导学生进行分析推理得出结论，整个过程都离不开教师的启发和带领。

教师应当清晰掌握学生的知识和能力水平，建立适合绝大多数学生的教学逻辑，以争取教学效益的最大化。那么对于少数学生的学习需求，我们该如何满足呢？日新月异的信息技术为我们提供了新思路，在同一课堂上运用信息化手段使不同学生面前呈现出与个体相适应的教学逻辑，相信这一学习过程指日可待。

2. 因势利导

教学逻辑在实施过程中要想取得预期的教学效果，就需要时刻关注课堂中学生的反应。教师一旦发现学生的反应与自己预期的目标有差距，就要及时采取措施，通过提问的方式进行学情探查，针对学生的错误开展纠错教学，将学生的思维引导到正确的方向上来，这就是因势利导。

例如，在分析闭合电路中各种功率问题时，因涉及的对象较多，有电源、定值纯电阻、可变纯电阻，相应的功率分析方法有所差异，学生容易产生混淆。因此，在教学中如果只是教师讲授，学生可能觉得自己听懂了，但实际上并不能在短时间内全面领会，教学效果比较差,此时教师可以通过设计一些问题来诊断学生的学习情况,继而开展针对性的指导教学。

在如图 1-16 所示的电路中,电源的电动势为 E,内阻为 r,R_1 是定值电阻,R_2 是滑动变阻器。在滑动变阻器的滑片由最左端向最右端移动的过程中,回答以下问题:

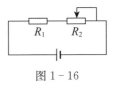

图 1-16

(1) 电源的总功率如何变化?

(2) 定值电阻 R_1 消耗的电功率如何变化?

(3) 电源的输出功率如何变化?

(4) 滑动变阻器 R_2 消耗的电功率如何变化?

根据以往的教学经验,学生最容易回答错误的是第(3)、(4)问。

第(3)问的典型错误答案是:先增大后减小。追问学生的思考路径后发现,有的学生是纯粹记住了类似问题的答案直接套用,有的学生知道"当整个电路的外电阻等于电源的内电阻时电源的输出功率最大"这个判断条件,但是不知道在这个没有具体数据的问题里怎么用。于是,针对水平比较高的学生群体,可以画出电源的输出功率与外电阻的关系图像,如图 1-17 所示,直接进行分析讨论。针对水平较低的学生群体,可以通过数据举例的方式,引导学生理解电源的输出功率最大的条件如何在实际

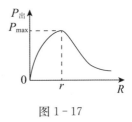

图 1-17

问题中运用,譬如:若 $E=6$ V,$r=1$ Ω,$R_1=2$ Ω,R_2 的变化范围是 0~15 Ω,当 $R_2=$ _____ Ω 时,电源的输出功率最大;若 $E=6$ V,$r=2$ Ω,$R_1=1$ Ω,R_2 的变化范围是 0~15 Ω,当 $R_2=$ _____ Ω 时,电源的输出功率最大。

第(4)问的典型错误答案是:逐渐增大。追问学生的思考路径后发现,学生认为滑动变阻器的滑片向右移动会使其连入电路中的电阻逐渐变大,其分到的电压变大,所以功率增大,此时教师必须追问学生得出结论的依据是什么,让学生意识到运用 $P=U^2/R$ 无法得到

逐渐增大的结论。继而引导学生比较第(4)问与第(3)问的差异,启发学生建立两小问之间的联系,领悟到第(4)问是第(3)问的思维拓展,需将定值电阻 R_1 等效为串联接入电源内部,构成新内阻 $r'=r+R_1$,仍然利用电源输出功率特性来讨论问题,所以学生只有弄懂了第(3)问,才有理解第(4)问的认知基础。教师在设计问题时应当注意问题的先后顺序,既为学生搭建好学习的阶梯,也便于教师准确掌握学生出错的原因。作为对第(4)问的教学效果的检验,教师又追问了一个问题:

将阻值相等的 R_1 和 R_2 串联后接在一个稳压电源上,设 R_1 温度不变,对 R_2 进行加热(电阻变大),则 R_2 的电功率会如何变化?若是对 R_2 进行冷却(电阻变小),则 R_2 的电功率又会如何变化?

教学中"势"的形成既有教师的设计,也有学生的反应。教学要趁势而为、因势利导,才能抓住学生的神和心,给予学生丰富的学习体验,从而有效促进学生的知识形成和思维发展。

三、以逻辑融合为手段

物理教学逻辑是物理学科逻辑与学生学习逻辑融合的统一体,既是物理学科逻辑在教学中的有序展现,也是落实以学生为主体的教学理念的有效途径。物理教学逻辑的形成是指教师在研读课程标准、确定核心知识的基础上,从学生的学情出发,选择合适的教学素材,设计符合学生学习逻辑的教学活动,安排符合物理学科逻辑的教学活动序列过程,融合了教师的教学智慧和学生的学习水平。

1. 点上突出学习逻辑

物理教学逻辑在点上突出学生的学习逻辑。也就是说,在具体的教学环节中,物理教学逻辑细枝末节的微结构是以学生学习逻辑为依据的教学活动,这些活动的设计取决于学生的学习基础和学习能力,关乎以怎样的途径和方式完成知识的学习,关乎教学应达到怎样的知识和能力目标。

以"电动势概念建立"这个教学环节为例,对于学习基础和学习能力尚可的学生而言,从能量转化的角度展开教学活动最为符合学生的学习逻辑。用电器在电路中工作需要消耗电势能(简称电能),电源就是提供电能的装置;当自由电荷在电源内部运动时也会受到与在用电器中运动时相同的阻碍作用,所以电源本身也有电阻(称为内阻),也要消耗一部分电能;电路中的自由电荷在静电力作用下产生定向运动,对应的是静电力做功,消耗电能;电源中要产生电能就必须要有其他力即非静电力做功,而且非静电力所做的功等于电路中静电力所做的总功;在静电场中用电势差来量度电场各区域将电势能转化为其他形式能的本领,在电源中也需要有一个物理量来描述其将其他形式能转化为电能的本领;运用类比的方法,对照电势差的定义 $U = \dfrac{W_{\text{静电}}}{q}$ 可以建立电动势的定义 $E = \dfrac{W_{\text{非静电}}}{q}$。通过这一系列的分析与推理,在基于原有的不含源电路知识和静电场知识的基础上,学生建立了对电动势概念从定性到定量的充分理解,且深入其本质,在推理的过程中学生的逻辑思维能力得到了较好锻炼。而对于学习基础和学习能力较弱的学生而言,从一些现象引入电动势概念的定性表述,不出现定量表达式的做法较为符合这些学生的学习逻辑。用电压表直接测量各种型号新干电池的开路电压,发现都是 1.5 V,用电压表直接测量学生用蓄电池的开路电压,发现是 2 V,说明两者对电路提供的工作电压不同;干电池和蓄电池都是把化学能转化为电能的装置,对电路提供的工作电压不同,也就是反映了干电池和蓄电池把化学能转化为电能的本领大小不同;于是用电动势来描述电源将其他形式的能转化为电能的本领,在数值上等于电源没有接入外电路时两极间的开路电压,电动势越大表明电源将其他形式的能转化为电能的本领越强。通过简单的实验现象,学生对电动势的意义、如何测量电动势的数值有了初步了解,更加深入的理解可以在后续的教学中视学生情况来确定。

2. 线上遵循学科逻辑

物理教学逻辑在时间线上应当遵循学科的知识逻辑。也就是说,物理教学逻辑大到单元小到课时的整体结构是以物理学科逻辑为基准的学科知识体系,以学科知识逻辑为序,安排单元内容的先后顺序,安排课时环节的先后顺序,环环相扣,逐步深入递进。

以"运动的描述"单元为例,单元内容安排从最直观的描述量位移,到有所感觉的描述量速度,再到躲在幕后的描述量加速度,从表象到本质逐步深入,形成了一条清晰的教学逻辑线。再以"速度"这一课时为例,其中涉及的教学环节有:①从 x-t 图像认识匀速直线运动的规律;②定义描述物体运动快慢和方向的物理量——速度;③学习描述变速直线运动的快慢——平均速度、瞬时速度。依据学科知识的内在逻辑形成了这样的课时教学逻辑线:匀速直线运动是最简单的运动模型,其 x-t 图像具有鲜明的特征,斜率为定值,即在任意相等时间内物体的位移总是相等的;比较不同的匀速直线运动的快慢要看物体在单位时间内的位移大小,建立速度概念;描述变速直线运动的快慢也可以用同样的方法,得到的就是某段时间内的平均速度,选取的时间段不同,得到的平均速度也不同,反映了变速直线运动快慢会变化的特性;最后提出对变速直线运动的快慢进行精确描述的方法,建立与时刻相对应的物理量——瞬时速度。再看"瞬时速度"这个教学环节,从学科知识的内在逻辑来看,瞬时速度可以从定义式出发直接理解为位移对时间的变化率的极限。但从高一学生的认知逻辑来看,学生的认知结构中还不具备极限的思想,所以合适的教学逻辑是在建立了平均速度的基础上,让学生体会:在变速直线运动中,选取的研究时间越短,对物体运动快慢的描述就越精细;当时间趋近于零时,位移对时间的变化率就能精确描述物体每一时刻的运动快慢,从中领会到极限的思想和瞬时速度的物理意义。这种融合了学科逻辑与学习逻辑的教学逻辑,能使物理教学不显晦涩,能帮助学生体验和领会如何运用方法学习知识,感受物理思想方法之魅力。

无论是学科知识逻辑还是学生学习逻辑都具有客观性,教师必须以客观事实为基础建构课堂教学逻辑,不能仅仅凭借自己的主观臆断设计课堂教学。只有潜心研究学科知识逻辑和学生学习逻辑,使二者有机融合,才能使物理教学顺利高效。

第二章　高中物理教学之效

　　逻辑是教学关系形成的基础，教学过程中逻辑质量的高低直接影响教学效果。现实教学中教师较为关注教学内容的完整性，而对于逻辑性方面重视不够，有相当一部分学生学习物理之后的感受是感觉学了好多知识，但是知识的关联不清晰，在运用知识解决问题的时候，空有知识却不知用于何处。同时，逻辑性不强的教学也会使学生感受到学习思维的跳跃，不利于学生科学思维的发展。遵循逻辑的教学设计，不仅能促进学生建构物理知识结构，形成物理观念，而且能促进学生发展学科思维能力，同时还能促进教师提升教学思维品质。

第一节 建构知识结构

知识是基本元素,深度理解知识可以明确知识在结构中的地位,只有明晰知识之间的逻辑关联,才能形成准确清晰的知识结构。遵循逻辑的教学设计能降低学生学习的难度,引领学生通过思考去理解并建立新知与旧知、知识与客观世界之间的联系,学会客观、科学地认识物质世界。

一、深度理解知识

遵循逻辑的教学设计部分体现了深度学习的理念,学生通过逻辑引导的学习过程达成对知识的深度理解,具体表现为促进学生辨明知识的含义,挖掘知识应用的深度。

1. 辨明知识的含义

学习物理知识的内涵是理解知识的第一步,辨明知识的含义就是理解知识的进一步,在分辨的过程中学生对知识的理解会更深入、更透彻。遵循逻辑的教学会设计一些与知识相关的问题开展课堂讨论,激发学生的认知冲突,通过推理论证等思维过程,促进学生对知识的深度理解,辨明知识的含义。

例如,为了帮助学生深度理解布朗运动,教师可以提出这些问题:布朗运动是否就是液体分子的运动?悬浮在空气中的灰尘的运动是不是布朗运动?悬浮在水中的花粉颗粒越小,布朗运动是否越明显?液体的温度越高,悬浮小颗粒的布朗运动是否越明显?布朗运动是否说明了悬浮颗粒中的分子在做永不停息的无规则运动？布朗运动的轨迹是否可以被预测？布朗运动能否被称为热运动？……

又如，为了帮助学生深度理解波的衍射现象，教师可以提出这些问题：波在传播过程中遇到障碍物时，是否一定会发生衍射现象？障碍物的尺寸越小，衍射现象是否越明显？障碍物的尺寸越小，传播到障碍物后的振动是否越强？超声波是否比次声波更容易发生衍射现象？……

再如，为了帮助学生深度理解电磁感应现象，教师可以提出这些问题：只要闭合回路中的磁场随时间变化，回路中是否就一定能产生感应电流？只要闭合回路在磁场中做切割磁感线运动，回路中是否就一定能产生感应电流？在稳定磁场中，将垂直磁场方向放置的闭合金属环翻转 $180°$，环中是否会产生感应电流？回路不闭合时，磁通量的变化是否会产生电磁感应现象？……

诸如布朗运动、波的衍射现象、电磁感应现象等知识，都是学生不太容易透彻理解的物理知识，若仅采用教师正面讲授的方式进行教学，学生对知识的理解只能停留在知其表面的状态。从学生的学习逻辑来看，学生对知识的理解过程不可能一帆风顺，需要教师制造一些波澜（问题）来激发学生思考，使学生的模棱两可、认识偏差暴露出来。通过课堂讨论，教师引导学生从不同的角度来审视知识、体会知识的含义，既可以促进学生对知识的理解，也可以培养学生的质疑精神。

2. 应用中加深理解

深度理解知识还需要在知识的应用过程中逐步实现，从简单情境到复杂情境，随着知识的应用难度增加，看待问题的目光更全面，思考问题的点更深刻，对知识的理解程度也会不断加深。

以"理解电磁感应现象中的能量转化"这一问题的教学设计为例，可以通过两个层次的问题情境，让学生在原有知识和思考方法的基础上，完成更为复杂的问题分析，学习从更深层次上看待相关问题,循序渐进加深对原有知识的理解。第一个层次的问题情境是从学生比较熟悉的摩擦力做功对应的能量转化入手,进行类比联想得到电磁感应现象中安培力做功对应的能量转化。具体情境如下:

情境① 一个初速为 v_0 的物块在粗糙水平面上自由滑行至最终停止运动,请分析此过程中力对物体的做功情况和系统的能量转化情况;

情境② 一根初速为 v_0 的导体棒在处于磁场空间内的光滑水平金属导轨上自由滑行至最终停止运动,请分析此过程中力对导体棒的做功情况和系统的能量转化情况。

通过类比联想,学生不难推理得到在电磁感应现象中,是安培力做功使导体棒的机械能转化为导体棒与导轨组成回路的电能,同时还能领悟到这两种情况可以统一为:通过阻力做功系统的机械能转化为其他形式的能,显示出阻力做功的一般功效,使学生对阻力做功的认识更加深入。第二个层次的问题情境是在比较复杂的情境中再讨论一下能量转化问题,具体情境如下:

情境③ 一根导体棒在拉力作用下在处于磁场空间内的光滑水平金属导轨上保持匀速运动,请问在此过程中存在能量转化吗?

这个情境会使学生产生疑惑:导体棒的机械能没有变化,那么回路中的电能来自何处?学生的思维活动在此处产生怀疑、碰撞,通过逻辑推理最终突破原来思维层次的桎梏,达到一个新的境界:认识到拉力做功使施力物体的能量转化为导体棒的机械能,安培力做功使导体棒的机械能转化为导体棒与导轨组成回路的电能,两种能量转化同时发生并且数量相等,所以导体棒的机械能虽然保持不变,但是导体棒却真实参与了能量转化的过程,将施加拉力物体的能量最终转化为导体棒与导轨组成回路的电能。在分析和讨论的过程中,学生发现了隐藏起来的秘密,学习了如何透过表象看本质的分析方法。

在此案例中,教师既运用类比的逻辑方法使学生理解了最简单的电磁感应现象中安培力做功使系统的机械能转化为电能的规律,又引导学生学习运用推理的逻辑方法,分析得到被表象掩盖的复杂能量转化关系,从而使学生对电磁感应现象中的能量转化问题形成全面、立体、深度的认识。可见,关注逻辑的教学能有效促进学生对物理知识的深度理解。

二、加强知识关联

学生通过学科学习最先获得的是一些相对独立的学科知识,而独立的学科知识在解决实际问题方面所起的作用有限,只有将这些知识关联起来形成一个完整的知识体系,才能发挥更大的作用。

1. 形成同类知识结构

同类知识之间的关联具有高度的逻辑性,这种逻辑性既要通过教师的课堂教学将其展现出来,更要让学生体会并掌握这种逻辑性,能够自主建立知识关联,形成脉络清晰的知识网络,这也是培养学生学科思维的重要路径。经历了一段时间的相关知识学习之后,设计一次以学科逻辑为主的教学活动,带领学生梳理一遍相关知识的内容,摸清知识之间的关联,让学生"触摸"到知识的逻辑脉络,能使学生学到的知识结构化、系统化,融为自身知识框架的一部分,实现知识结构的内化。内化后的知识结构会成为长时记忆,解决问题时会被学生提取调用,并在实践中得到巩固和强化,最终成为学生的素养。

以下是教师设计的一次有关电场的教学活动,要求学生完成以下几个任务:

① 列出描述电场性质的所有相关知识;

② 将列出的知识进行分类,并填写在表2-1中;

表 2 - 1

描述电场力的性质	描述电场能的性质	描述关系

③ 画出电场知识结构图。

汇总起来看,三个任务其实就是一个大任务:画出电场相关知识结构图。教师将其拆分成三个任务,其目的就是向学生展示画知识结构图所遵循的逻辑,从孤立的知识点到有紧密结构的知识群是怎样体现彼此之间的逻辑关联的。

学生在教师的指导下完成知识的分类和表格填写,如表 2 - 2 所示:

表 2 - 2

描述电场力的性质	描述电场能的性质	描述关系
电场强度、电场线	电势、等势面、电势差	匀强电场中电势差与电场强度的关系 沿电场线方向电势逐渐降低 等势面与电场线垂直

根据表 2 - 2 中知识的分类,教师指导学生设计各知识摆放的位置,根据彼此之间的关系进行连线。完成学习任务形成的知识结构图如图 2 - 1 所示。

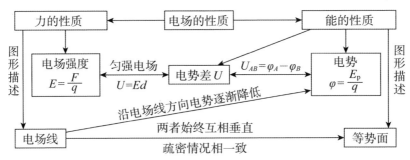

图 2 - 1

经历了这样一个电场知识的整体化、结构化过程,学生会更多地关注概念和规律之间的联系,包含物理方法和物理量之间的定量关系,形成较为完整的电场知识结构。

2. 比较相似相通知识

有的物理知识,看上去非常相似,导致部分学生很容易将它们混淆起来。梳理它们各自的逻辑,比较不同点,建立一个对比的知识结构表,不仅能够帮助学生加强理解基础上的记忆,而且能够抓住差异性作为在应用知识解决问题时的识别标志。例如,二力平衡关系和一对相互作用力关系都具有大小相等、方向相反、作用在一直线上的特点,极易产生混淆,于是建立表 2-3 进行比较,看看两者究竟有何不同。

表 2-3

比较对象	二力平衡关系 $F_1 = F_2$	一对相互作用力关系 $F' = F$
相同点	两个力大小相等、方向相反、作用在同一直线上	
不同点	两个力作用在同一物体上	两个力彼此作用于对方
	两力作用效果可以抵消	两力作用效果彼此独立,不可抵消
	两力的性质可以不同	两力的性质相同
	两力之间没有依存关系	两力之间有彼此依存关系

比较结果显示,二力平衡关系和一对相互作用力关系的差异性主要有四条,而分析它们之间的逻辑关系之后可以发现,第一条有关施力物体与受力物体的差异是产生其他三条差异的根本原因。因此,选择应用二力平衡关系还是一对相互作用力关系解决问题的识别标志,就是看两个被研究的力的施力物体是否为彼此,有没有第三个施力物体参与其中。所以说,用比较的方式可以使学生对两种关系的理解更加透彻深入。再有,简谐运动的振动图像和简谐横波的波动图像也极其相似,通过不同点的比较建立一个对比的知识结构,可以帮助学生加深对两种图像的理解。

有的物理知识,虽然看上去很不一样,但是在知识结构、思维路径等方面却有着相通之处,将它们放在一起进行比较,找出相通点和相异点,不仅可以加深对它们的理解,而且能从结构路径等方面将它们联系起来,形成相通的知识结构。例如,动能和动量是两个不同的物理量,在表 2-4 中列出了与它们相关的知识进行比较,寻找两者的知识结构和思维路径有何相通之处。

表 2 - 4

动能 $E_k = \frac{1}{2}mv^2$	动量 $p = mv$
标量,与物体运动方向无关	矢量,与物体运动方向一致
动能的变化源于力对空间的累积效应即功	动量的变化源于力对时间的累积效应即冲量
动能定理 $\sum W = \Delta E_k$ (研究对象是单个物体)	动量定理 $\sum I = \Delta p$ (研究对象是单个物体)
动能定理 $\sum W_外 + \sum W_内 = \Delta E_{k1} + \Delta E_{k2} + \cdots$ (研究对象是多个物体)	动量定理 $\sum I_外 = \Delta p_1 + \Delta p_2 + \cdots$ (研究对象是多个物体)
	动量守恒 $\sum F_外 = 0$

比较结果显示,动能和动量的相关知识结构和思维路径有着相通的逻辑,两者在本质上都是物体机械运动的量度,它们的变化都是力作用在物体上产生的累积效应,都可以通过牛顿定律推导出来,对单个物体使用时思维路径相同。然而,动能定理和动量定理在对多个物体使用时有显著差异,物体之间的一对内力做的总功不一定为零(当物体在内力方向上有相对运动时内力做的总功不为零),物体之间的一对内力冲量一定为零,所以内力的冲量不必考虑;当外力为零时,多个物体的总动能未必守恒,但总动量一定守恒;两者相异的根本原因在于动能的变化与物体的位移相关,受到物体运动情况的制约,而动量的变化只与客观的时间相关,与物体的运动情况无关。动能和动量是我们分析物体机械运动时常用的思维路径,确定研究对象,确定研究过程,确定以位移为线索还是以时间为线索建立力与运动的关系,将两者结合起来思考,问题的解决会更容易一些。

第二节 发展学科思维

学科思维是每一门学科的精髓，是以学科的视角对客观事物的本质属性、内在规律及相互关系的认识方式。物理学科思维包含了模型建构、分析综合、推理论证、质疑创新等要素。课堂教学逻辑质量的高低直接影响到学生学科思维的发展。逻辑质量高的教学不仅能使教学过程顺利进行，而且能引领学生的思维沿着教学逻辑线循序渐进，使学科思维能力得到充分的锻炼和培养。

一、形成学科思维

人们通过学习获得的新知识可以被认为是个体思维活动的产物，没有思维活动就不可能获得知识。学科思维是一个学科的灵魂，而知识则构成了学科的血肉，学习应以发展学科思维为本。俗话说，"授人以鱼不如授人以渔"，充分说明了学科思维方法的重要性。

1. 学会建立模型

在研究实际问题时，必须将研究对象、物理过程，抽象成理想模型，才能运用根据理想模型得出的物理规律解决问题。建立模型的思维逻辑就是将研究对象、物理过程与头脑中已有的各种理想模型进行比较，看它们是否满足理想模型的抽象条件，这个比较的过程就是一个很好的思维锻炼过程。

在高中物理所研究的问题中，机械运动对应的研究对象基本上都能抽象为质点模型，静电场中的带电体也大多能抽象为点电荷，实际气体一般也可以视为理想气体，大部分研究对象的抽象过程相对简单。但是，实际物体的摆动运动能否抽象为单摆模型，两个带电体之间的相互作用能否抽象为点电荷之间的相互作用……就要对照相应的抽象条件了。摆动物体的质量集中在一个范围内，此范围的尺度远小于悬点到此范围的距离,这是单摆模型的抽象条件;带电体的线度远小于带电体之间的距离,这是点电荷模型的抽象条件……相对而言,实际物理过程的抽象过程会更丰富一些,如在空气中水滴的下落对应什么物理模型,需要具体分析:从低处下落时,因阻力与重力相比可以忽略不计,可以抽象为自由落体运动;从高处下落时,阻力随速度的增大而增大而无法忽略,应为加速度逐渐减小的变加速直线运动,不可视为自由落体运动,要运用研究变加速直线运动的方法来处理。再如,一小球在竖直光滑半圆弧轨道上来回运动对应什么物理模型:若在轨道最低点附近运动范围很小,可抽象为简谐运动模型;若小球运动范围较大,则为较复杂的机械振动,也要运用研究变加速运动的方法进行分析。教会学生建立模型的逻辑,能有效提升学生的思维水平和解决实际问题的能力。

2. 加强分析综合

分析就是将研究对象、物理过程分解为几个部分分别进行研究的方法,而综合就是将研究对象、物理过程合并为一个整体进行研究的方法。分析综合是研究解决物理问题的基本方法。

在研究多个物体的平衡和动力学问题时,用隔离法将各个物体分开进行研究就是分析,用整体法将几个物体合并为一个整体进行研究就是综合。请看以下这个示例:

如图 2-2 所示,在水平地面上有一个质量为 M 的直角劈,上面放有一个质量为 m 的物块。若物块从直角劈上匀速下滑而直角劈保持静止,则下列说法中正确的是(　　)。

A. 直角劈对地面的压力等于 Mg

B. 直角劈对地面的压力小于 $(M+m)g$

C. 地面对直角劈的静摩擦力方向向左

D. 物体对直角劈的作用力竖直向下

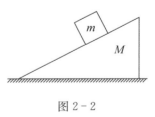

图 2-2

由于直角劈静止、物块匀速下滑,所以

直角劈和物块都处于平衡状态,都可以运用 $F_合 = 0$ 的平衡关系求解。

当求解直角劈与地面之间的压力和静摩擦力时,要运用整体法,将直角劈和物块作为研究对象,就可以得到竖直方向上整体受到的重力与地面的支持力大小相等、水平方向上不受力的关系;当求解物块与直角劈之间的作用力时,就要运用隔离法将物块或直角劈作为研究对象才能解决问题。

在研究复杂运动时,将其分解为两个分运动进行研究就是分析。例如:研究平抛运动时,将其分解为水平方向的匀速运动和竖直方向的自由落体运动进行研究,可以方便清楚地将平抛运动的位移和速度的变化情况描述出来。

将包含几种不同运动特征的过程一一分开进行研究也是分析,将几个过程合并在一起研究也是综合。再看以下示例:

一卡车质量为 M,拖车质量为 m,在平直公路上以速度 v 匀速行驶,阻力是车重的 k 倍。途中拖车突然脱钩,从脱钩到驾驶员发现,卡车前进的距离为 L,驾驶员关闭发动机后卡车在公路上继续滑行,问当卡车和拖车都停止时,它们之间相距多远?

在卡车与拖车脱钩后运动的过程中,卡车的运动可以分为两个过程,先做匀加速直线运动,驾驶员发现后做匀减速直线运动,两个过程中的加速度大小不同;拖车在脱钩后做匀减速直线运动直至停止,加速度与卡车做匀减速直线运动时的加速度相等。这个问题情境较为复杂,既有两个运动对象需要研究,又有不同的运动过程需要研究,如果将运动对象和运动过程一一拆开进行研究,过程就会比较复杂,不妨用综合的方法进行研究,可以产生事半功倍的效果。若脱钩后的卡车和拖车都失去牵引力,那么它们运动到停止的距离是相等的,所以在卡车比拖车多运动的那个过程中,卡车克服阻力做功所需要的能量恰好来自驾驶员发现脱钩之前牵引力做功所提供的能量,即 $W_牵 = |W_阻|$,$k(M+m)gL = kMgx$,用这种综合的思考方式解决问题特别简捷。

在实验探究中经常会使用控制变量法,这就是一个先分析后综合的过程。例如：研究物体的加速度与物体所受力、物体质量的关系，先保持物体质量不变，研究得到加速度与力的关系，然后保持物体受力不变，研究得到加速度与质量的关系，这两步运用的是分析方法；最后将经控制变量研究得到的两个结论合并起来得出牛顿第二定律，运用的就是综合方法。

好的教学逻辑可以让学生充分体会到分析综合方法的运用思维逻辑，辨明分析综合方法的适用条件和场景，对培养学生解决问题的能力很有帮助。

3. 熟悉推理论证

逻辑推理作为一种重要的物理研究方法，广泛应用于对物理现象的认知和规律的发现过程，其特点是简洁严谨，对研究者的思维能力要求较高，能较好地培养学生的思维能力，是高中物理教学的重要组成部分。因此，在具备一定理论基础的条件下，笔者建议给学生更多的机会进行逻辑推理学习。例如，要探寻恒力的作用效果与物体机械运动之间的关系，从力作用一段时间的角度来分析，运用牛顿第二定律 $F_{合}=ma$ 和匀变速直线运动的规律 $v=v_0+at$，就可以推理得到动量定理 $F_{合}\Delta t=mv-mv_0$；从力作用一段位移的角度来分析，运用恒力做功的表达式 $W=Fs\cos\theta$、牛顿第二定律 $F_{合}=ma$、匀变速直线运动的规律 $2as=v^2-v_0^2$，就可以推理得到动能定理 $W_{合}=\frac{1}{2}mv^2-\frac{1}{2}mv_0^2$，并在此基础上代入只有重力做功的情况，又可以推理得到机械能守恒定律。在逻辑推理的过程中，教师必须引导学生关注所选用的已知规律的适用条件，从而理解推理结果的适用条件，比如运用恒力作用下物体的运动规律推理得到的动量定理和动能定理是否只适用于恒力作用的情况。

在推理论证的过程中，学生还能体验到一些处理问题的物理方法，如微元法、极限法、外推法……这些方法对高中学生而言都属于高阶思维，逻辑性强，虽然学习难度较大，但是如果在教学中能够不断渗透,对学生的科学思维发展会起到极大的推动作用。譬如微元法在研究一些变化的物理量的累积效应时,发挥的作用甚大,从匀变速直线运动的速度规律推出位移规律、从恒力做功推出的动能定理扩展到变力做功的情况、从恒力作用推出的动量定理扩展到变力作用的情况、计算某段时间内变化的感应电流的电荷量等,都需要运用微元法。在这些问题的教学中,引导学生理解微元法的思维逻辑,无疑会增强学生的思维能力。

又譬如外推法,可以用来研究无法直接用实验验证的物理现象,它以一系列真实实验为基础,通过合理的逻辑推理得出相关结论。研究自由落体运动就是一个典型的外推法教学案例。首先是在建立自由落体运动模型时可以引导学生感受外推法。在发现空气阻力对物体下落运动快慢有影响时,利用图2-3所示装置研究空气阻力对物体下落快慢的影响。用注射器通过单向阀门分几次抽去管内的空气,逐次观察羽毛和金属小球在玻璃管中下落快慢的差异变化情况,通过慢镜头回放实验过程可以观察到,空气越稀薄,羽毛和金属小球下落快慢的差异越小,但由于注射器无法将玻璃管中的气体全部抽净,因此无法直

图2-3

接观察到羽毛和金属小球在没有空气阻力时的下落情况。此时教师可以提出问题:如果玻璃管中的空气全部被抽出,羽毛和金属小球的下落快慢会怎样呢? 依据前面观察的实验现象,绝大多数学生都能推理得出结论:在没有空气阻力的情况下,羽毛和金属小球会下落一样快。外推法的运用帮助学生成功建立了自由落体运动的物理模型。其次在研究自由落体运动规律时,学生可以再次感受外推法的思维逻辑。在伽利略所处的年代,测量工具很有限且精度不高,用实验直接研究快速运动的自由落体运动不太可能,于是就转换为研究同样是在重力作用下的小球在斜面上滚下来的运动。伽利略从运动产生的原因出发找到了自由落体运动与小球沿斜面向下运动的共同

特征,认为两者之间应该具有相似的运动规律。实验测量结果表明,小球沿斜面向下的运动是一种匀加速直线运动,并且在斜面倾角发生变化时小球的运动依然遵循此规律。于是,伽利略在真实实验的基础上利用外推法推理得出结论(自由落体运动是一种初速度为零的匀加速直线运动),突破了当时实验条件的限制,完成了实验+推理的研究过程,充分展现了逻辑思维在物理研究中的重要作用。外推法教学赋予学生的思维提升,就是学习基于实验现象的逻辑推理方法。

学科思维是学生能够终身保持、终身受益的关键能力。学科思维的形成并不容易,需要教师在物理教学中不断引导学生进行体验,才能使学生逐步认识到学科思维的逻辑和妙用,实现学习的意义。

二、培养思维习惯

学科思维习惯通俗来说就是指运用学科思想方法,按照思维步骤来认识事物、解决问题的习惯。养成学科思维习惯可以使学生具有可持续发展的能力,面对未来复杂、陌生的问题情境,能进行有效的分析,能寻求合适的方法解决问题。思维习惯的养成是一个长期的、循序渐进的过程,而高中阶段是培养学生思维习惯的重要时期,课堂教学又是主要阵地,我们倡导运用基于情境和问题导向的启发式教学来培养学生的学科思维习惯。遵循逻辑的问题设计能够引导学生运用学科思想方法进行有逻辑的思维活动,培养良好的学科思维习惯。

1. 思维过程有序

良好的思维习惯表现为思维的有序性,思维步骤清晰,逻辑性强。培养学生思维的有序性依赖于教师的教学引导,课堂上有层次、有逻辑的问题设计可以帮助学生梳理思考问题的路径,建立有序的思维步骤。

下面这个事例说明了如何培养学生思维的有序性。

情境:教师将教室布置成一个相对比较暗的空间,在讲台上放置一个通电的辉光球,非常漂亮,教师单手持日光灯管的一端,缓慢靠近辉光球,日光灯居然发光了,如图2-4所示。

图2-4

问题:日光灯为什么会发光?

学生惊叹不已,却说不出原因,于是教师将这个问题化解为具有逻辑层次的问题链,引导学生展开分析问题的思维活动,体验由表及里的逻辑思维过程。

问题①:灯管发光说明有电流通过灯管,电流是怎么形成的?

作用:培养学生从现象出发寻找思维起点的思维习惯,联想已有的电学知识发现隐藏的"电压"。

问题②:灯管两端的电压从何而来?

作用:此处是难点,培养学生猜想+实验验证+推理的思维习惯,猜想可能与发光的辉光球有关;给辉光球断电,发现日光灯熄灭,推理得到应该是发光的辉光球使日光灯发光的,可知发光的辉光球周围存在电压。

问题③:辉光球周围怎么会存在电压?

作用:培养学生思维的关联性,引导学生的思维从熟悉的电路中的电压转向陌生的电场中的电压即"电势差",使学生亲身感受到了电场中电势差的存在,使抽象的物理概念具体化、可视化。

至此,教师用一连串启发性的问题引导学生经历了从客观现象出发,联系已有知识进行猜想、推理、求证的思维过程,有理有据,环环相扣。

接着,教师又演示了将灯管靠近辉光球的实验,继续提问。

问题④:灯管越靠近辉光球越亮,这个现象说明了什么?

作用:培养学生思维习惯的延续性,让学生知道思维可以通过变换观察问题的角度而发展深入,在学习中可以适当尝试,不失为一个良好的思维习惯。对这个问题的分析需要进一步结合电场中的能量分布特点,即电场的能量分布与位置有关,再联系电势能与光能的转化关系。

然后,教师将灯管置于辉光球附近如图2-5所示的位置,继续提问。

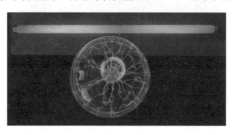

图2-5

问题⑤:为什么灯管中间暗两头亮?这个现象说明了什么?

作用:引导学生的思维进一步深入,关注电场分布的对称性。

最后,教师将灯管放置在辉光球旁边不动,不断改变手握灯管的位置,请学生观察现象,并思考问题。

问题⑥:如图2-6所示,为什么只有靠近辉光球到手握处的那一截灯管是发光的,远离辉光球的那截灯管是不发光的?

图2-6

作用:将学生的目光引向原来并不受关注的人,激发学生思考人在日光灯发光现象中的作用。人是导体,与地面形成等势体,辉光球与人之间存在电场,人手移动到灯管上何处,电场区域就随之变化到何处。只有处于电场区域中的那截日光灯管两端才有足够的电势差使其发光,这真是一个"神奇"的现象。

这样一个由问题引导的思维活动,不仅使学生对电场中抽象的

循规施策
高中物理课堂教与学的设计

"电势差"概念有了进一步的深度理解,真切感受到了电场中"能"的分布特点,而且引导学生一起整理解决问题的思路,运用学科思维方法分析问题,寻求答案,体现了学科思维的价值。

2. 思维逻辑缜密

良好的思维习惯表现为思维的缜密性,思考问题时对条件了解充分,对过程分析全面,对结论验证到位。思维的缜密性通常可以在解题的具体过程中进行锻炼和培养。选择一些学生容易出现思维漏洞的问题情境组织学生开展讨论,让学生自己通过思考发现漏洞在哪里、如何纠正,这样既能加深学生对这些问题的印象,又能促进学生理顺分析问题的思路,在自己的思维中标记上这些易漏点,形成缜密的思维逻辑。请看以下两个典型的问题情境:

情境①:如图 2-7 所示,一物块静止在水平长木板上,现用手抬起长木板的右端,使长木板

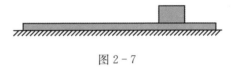

图 2-7

绕左端开始缓慢转动。在长木板与水平地面间的夹角逐渐增大的过程中,物块受到长木板的支持力和摩擦力大小如何变化?

某同学的解答过程如下:

当长木板右端被抬起时,设长木板与水平地面的夹角为 θ,则物块受到重力 G、支持力 F_N 和摩擦力 F_f 三个力的作用处于平衡状态,于是可得:$F_N = G\cos\theta$,$F_f = G\sin\theta$。由此可知,当 θ 增大时,$\cos\theta$ 减小,$\sin\theta$ 增大,故在长木板与水平地面间的夹角逐渐增大的过程中,物块受到的支持力减小、摩擦力增大。

请对该同学的解答过程作出评价,并说明理由。

教师将学生最容易出现的错误解答设计为一道评价题,并组织学生进行论证。通过讨论,学生之间有观点冲突,有思维碰撞,有相互启发,在教师的引导下学生体会到此问题情境的条件比较模糊,有两个不清楚的点:一是长木板与水平地面的夹角 θ 会增大到什么程度;二是在 θ 缓慢增大的过程中,物块的状态是始终保持静止还是沿

长木板下滑。此时,教师向学生明示:当问题情境的条件不清晰时,就要针对不清楚的点进行必要的讨论,不能想当然地按照自己假想的条件进行解答,否则会产生错答或漏答。

答:该同学在解答过程中对支持力的分析是对的,对摩擦力的分析是错的,理由是,在长木板与水平地面的夹角 θ 逐渐增大的过程中,物块不会始终静止在长木板上。通常情况下可以认为物块与长木板之间的最大静摩擦力近似等于相同接触条件下的滑动摩擦力,所以当 θ 增大时,物块与长木板之间的最大静摩擦力会减小,而使物块保持相对静止的静摩擦力在增大;当 θ 增大到满足 $G\sin\theta = \mu G\cos\theta$ 时,木块就会沿长木板下滑,此时 $\theta = \arctan\mu$,此后当 θ 进一步增大时,根据 $F_f = \mu G\cos\theta$ 可知滑动摩擦力会越来越小。所以摩擦力的大小是先增大后减小。

显然,这个问题情境的易漏点就是物块从静止转变为沿长木板下滑的临界条件。教师通过组织学生讨论,引导学生发现问题情境中的模糊条件,从模糊条件中梳理出容易被遗漏的关键点,可以有效培养学生思维的缜密性。

情境②:一小物块以 2 m/s 的初速度冲上倾角为 37° 的长斜面,已知物块与斜面间的动摩擦因数为 0.25,求物块在斜面上运动的时间。

教师让学生独立思考这个问题,并将学生的不同解答过程呈现在黑板上,然后再组织学生对这些解答过程作出评价。

学生甲的解答:对物块进行受力分析如图 2-8 所示,根据牛顿第二定律 $F_合 = ma$ 可得,$G\sin37° + F_f = ma$,$F_f = \mu F_N = \mu G\cos37°$,代入数据得:$a = 8$ m/s²,方向沿斜面向下。

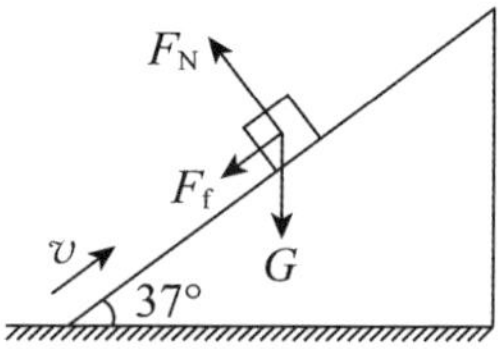

图 2-8

物块在斜面上做匀减速直线运动直至停止运动,根据 $v = v_0 + at$,代入数据可得:$t = 0.25$ s,所以物块在斜面上运动的时间为 0.25 s。

学生乙的解答:对物块进行受力分析如图 2-8 所示,根据牛顿第

二定律 $F_合=ma$ 可得，$G\sin37°+F_f=ma$，$F_f=\mu F_N=\mu G\cos37°$，代入数据得：$a=8\ \text{m/s}^2$，方向沿斜面向下。

物块在斜面上做匀减速直线运动直至速度减为零，根据 $v=v_0+at$，代入数据可得：$t=0.25\ \text{s}$，所以物块沿斜面向上运动的时间为 $0.25\ \text{s}$。

之后物块会沿斜面向下运动，继续运动 $0.25\ \text{s}$ 回到斜面底端，所以物块在斜面上运动的总时间为 $0.5\ \text{s}$。

学生丙的解答：对物块进行受力分析如图 2-8 所示，根据牛顿第二定律 $F_合=ma$ 可得，$G\sin37°+F_f=ma$，$F_f=\mu F_N=\mu G\cos37°$，代入数据得：$a=8\ \text{m/s}^2$，方向沿斜面向下。

物块在斜面上做匀减速直线运动直至速度减为零，根据 $v=v_0+at$，代入数据可得：$t=0.25\ \text{s}$，所以物块沿斜面向上运动的时间为 $0.25\ \text{s}$。

之后物块会沿斜面向下运动，对物块再次进行受力分析如图 2-9 所示，根据牛顿第二定律 $F_合=ma$ 可得，$G\sin37°-F_f=ma'$，$F_f=\mu F_N=\mu G\cos37°$，代入数据得：$a'=4\ \text{m/s}^2$，方向沿斜面向下。

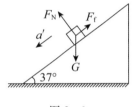

图 2-9

物块沿斜面下滑的距离等于之前沿斜面上滑的距离，根据 $v^2=v_0^2+2ax$，代入数据可得：$x=0.25\ \text{m}$。根据 $x=\dfrac{1}{2}at^2$，代入 $x=0.25\ \text{m}$、$a'=4\ \text{m/s}^2$ 可得：$t'\approx0.35\ \text{s}$。所以物块在斜面上运动的总时间约为 $t+t'=0.60\ \text{s}$。

通过对比分析，不难发现学生甲的错误在于：认为物块上滑速度减为零时会立即静止在斜面上；学生乙的错误在于：认为物块下滑时的加速度等于上滑时的加速度，忽略了滑动摩擦力的方向会改变；学生丙的解答是正确的。其实，学生丙的解答还有一点瑕疵，就是缺少对物体上滑速度减为零时是否会静止在斜面上的判断，"因为本题中 $G\sin37°>\mu G\cos37°$，所以物块无法在斜面上保持静止，速度减为零后会沿斜面下滑"。这个判断也正是学生甲的思维疏漏点。对于物体做匀减速运动的分析,学生常常会犯思维不缜密的错误,凭主观臆断物体的运动情况,究竟什么时候会停止运动,什么时候会继续反向运动,并不需要记一些套路,只要关注好物体速度减为零的特殊状态,养成重新对物体进行受力分析的思维习惯即可。

以上的问题情境和学生活动,都是教师遵循教学逻辑的精心设计,能够较好地培养学生细致分析情境、关注过程中隐含的特殊位置和特殊状态、缜密思考问题的习惯。

三、提升思维能力

遵循逻辑的教学可以让学生在学习过程中充分感受到学科知识的逻辑和思考问题的逻辑,体会到如何进行有逻辑的推理论证,如何灵活地应用知识解决问题,促进学生思维能力的发展和提升。

1. 提升逻辑思维能力

高中阶段是学生逻辑思维能力建立的起步阶段,思维的随意性比较强,遇到问题的第一反应往往是猜。猜有两种,一种是纯感性的猜测,不需要运用逻辑思维;另一种是基于事实和认知的猜测,具有一定的逻辑,属于理性思维,称为科学猜想,需要运用逻辑思维。物理学中有不少重大发现都得益于后一种情况,如电磁感应现象、原子的结构、中子的存在、微观粒子的波粒二象性等。科学猜想是一种重要的研究方法,我们鼓励学生在面对未知现象或问题时进行基于自身知识逻辑和认知逻辑的猜想,并有意识地进行后续的探究和验证。在物理研究活动中,从猜想假设到推理论证都是建立在一定的逻辑基础上的。学生通过观察现象和阅读文本获得关于研究对象的信息和条件,这是逻辑思维的起点;通过搜索记忆中相关的物理知识寻找研究的路径和方法,这是逻辑思维的依据。教学的意义就是为学生设计研究活动,并用条理清晰的教学逻辑引导学生经历有序的观察、猜想、分析、综合、推理、论证等研究过程,锻炼逻辑思维能力。

譬如,"楞次定律"就是培养学生逻辑推理和论证能力的极佳载体,以下的探究活动可以有效培养学生的逻辑思维能力。

首先,用如图 2-10 所示的实验装置进行实验,两个反向并联的发光二极管(可显示电流方向)与线圈连成闭合回路。将四次实验操作和对应的实验现象记录在表 2-5 中的第二和第三列。

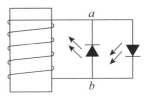

图 2-10

表 2-5

实验序号	实验操作	感应电流的方向	磁通量变化情况	原磁场方向	感应电流的磁场方向
①	N 极在下向下插入线圈	$a{\to}b$			
②	N 极在下向上拔出线圈	$b{\to}a$			
③	S 极在下向下插入线圈	$b{\to}a$			
④	S 极在下向上拔出线圈	$a{\to}b$			

然后,由教师引导学生进行的推理论证过程如下。

推理一:鉴于磁通量变化是引起感应电流的条件,所以磁通量的变化情况是一个关键因素,必须呈现出来,记录在表中第四列;

推理二:根据实验序号①和③磁通量变大,感应电流的方向相反;实验序号②和④磁通量变小,感应电流的方向相反,可推理得到:感应电流的方向与磁通量变化之间无法建立直接联系;

推理三:还有一个相关因素值得注意,就是四次实验中线圈中的磁场方向有变化,可以尝试分析磁通量变化时,感应电流的方向与线圈中的磁场方向之间的关系,但是两者描述的对象不同、属性也不同,关系很难表述。若将感应电流的方向特征转化为感应电流磁场的方向进行描述,寻找属性相同的感应电流的磁场与线圈中原来存在的磁场之间的方向关系就变得容易了,于是在表格中添加原磁场方向和推理得到的感应电流的磁场方向两列;

推理四:根据实验序号①和③磁通量变大时,感应电流的磁场方向与原磁场方向相反;实验序号②和④磁通量变小时,感应电流的磁场方向与原磁场方向相同,由此可推理得到感应电流方向的规律。

在此推理过程中,教师引导学生重点体会如何寻找证据进行推理,遇到困境要会变换论证角度。每一次推理论证的经历都是学生发展学科思维的契机,应该成为教师设计教学逻辑的重要环节。

在教学中要注意避免出现一些逻辑缺失、关系不清的"伪逻辑""假推理"的现象。例如在"探究产生感应电流的条件"的活动中,从条形磁铁(或通电小线圈)在固定大线圈内的插拔或是改变通电小线圈的电流能产生感应电流的现象,就推理得出产生感应电流的条件是闭合回路中的磁通量发生变化就是一个"假推理"现象,因为从这两种现象出发,经过逻辑推理得到的结论应当是:大线圈内的磁场强弱分布的变化也就是磁感应强度 B 的变化引起了感应电流,而不是磁通量 Φ 的变化引起了感应电流,逻辑上有缺失。如何弥补这个逻辑上的缺失?建议设计一个面积可以变化的感应回路,譬如闭合的软线圈回路,置于强弱分布稳定不变的磁场中,利用软线圈的面积变化产生感应电流,让学生意识到回路面积 S 也是一个影响的因素;再用一个面积不变的大线圈放在固定磁场(如地磁场)中,利用线圈与磁场之间的角度变化产生感应电流,让学生意识到 B 和 S 的夹角也是一个影响的因素。综合 B、S、B 与 S 的夹角三个方面的因素,推理归纳出磁通量 Φ 变化是闭合回路中产生感应电流的必要条件,这样的逻辑链就完整了。开展逻辑推理和论证教学时,一定要特别注意保持逻辑连续严密,否则会阻碍学生思维的发展。

2. 提升灵活应变能力

思维灵活不是一种随心所欲,而是指面对有变化的问题情境能产生有依据、有逻辑的思维变通。我们在分析问题时固然会形成一些相对固定的思路,但是也不能墨守成规,被思维定式套上枷锁造成思维僵化,因此通过具有逻辑主线的情境变式来培养学生思维的灵活应变能力是非常有效的教学路径。教学逻辑就是抓住问题的本质,针对不同的条件,运用适当的方法来分析解决问题。

下面是一个典型的平衡问题的情境变式:

情境①:如图 2 - 11 所示,不可伸长的轻绳一端固定于墙上的 O 点,拉力 F 通过一轻质定滑轮和轻质动滑轮作用于绳的另一端。若重物 m 在力 F 的作用下缓慢上升,在此过程中拉力 F 将(　　　)。

A. 变大　　　　　　　　　　B. 变小

C. 保持不变　　　　　　　　D. 先变小后变大

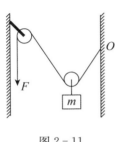

图 2 - 11

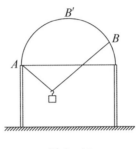

图 2 - 12

情境②:如图 2 - 12 所示,一固定支架由两根竖直杆和一个半圆形弯杆组成,立于地面上。不可伸长的轻绳两端分别系于支架上的 A 点和 B 点,轻绳上挂一个光滑的轻质挂钩,其下悬挂着一个重物。若将轻绳的右端从 B 缓慢地上移至 B' 点,在此过程中绳中的张力将(　　　)。

A. 变大　　　　　　　　　　B. 变小

C. 保持不变　　　　　　　　D. 先变小后变大

情境③:如图 2 - 13 所示,不可伸长的轻绳两端分别系于竖直立在地面上两直杆的顶端 A 和 B,轻绳上挂一个光滑的轻质挂钩,其下悬挂着一个重物。若将轻绳的左端从 A 点缓慢地下移至 A' 点,在此过程中绳中的张力将(　　　)。

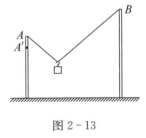

图 2 - 13

A. 变大　　　　　　　　　　B. 变小

C. 保持不变　　　　　　　D. 先变小后变大

这三个情境的逻辑主线是:绳-滑轮结构平衡时的角度由什么因素决定。情境①中随着滑轮与 O 点之间的绳长缩短,可以看出平衡时两侧绳之间的夹角变大。情境②中随着 A、B 两点之间的水平距离减小,可以看出平衡时两侧绳之间的夹角变小,所以绳-滑轮结构平衡时的角度与绳子两个端点之间的水平距离和绳长有关。情境③更加凸显了平衡时的角度与绳子端点之间的水平距离和绳长的关系,使学生对这三个情境的逻辑主线达成充分的理解。情境变式教学在遵循一条逻辑主线的前提下,在思维发散的同时,清晰地突出了逻辑主线,既锻炼了学生思维跟随情境变化的灵活应变能力,又能让学生在变化当中体验知识运用的普遍性和条件性。抓住逻辑主线,可以以不变应万变。

第三节　提升教学品质

教学品质就是课堂教学质量和教师专业素养的表现,是教师的职业追求,是衡量教师专业水平的重要尺度。遵循逻辑的教学设计对教师的专业素养提出了较高的要求,会促进教师主动深入研究物理学科逻辑和学生学习逻辑,进而形成合适的教学逻辑,这是一个提升教学品质的过程。逻辑因素在促进教师提升教学品质方面起到了积极的推动作用。

一、深度理解物理教学

遵循逻辑的教学设计是具有教学逻辑的教学规划,教师只有在充分理解物理学科逻辑与学生学习逻辑的基础上,才能形成既符合学科知识要求,又符合学生学习需求的教学规划,促进教师深度理解物理教学。缺乏逻辑结构的教学内容堆砌会使课堂教学主线不清晰,单独看某个环节或许很精彩,但是整体教学的效果肯定不佳。脱离学生学习逻辑的教学设计,或许让教师觉得很舒畅,但是可能会让学生觉得乏味不感兴趣,缺乏思考的欲望,或让学生感觉困难无法回应,缺乏思维的阶梯。遵循逻辑的课堂教学设计对教师提出了深度理解物理教学的要求,必须认真研究、思考物理教学逻辑。

1. 深入研究物理

遵循逻辑的教学设计要求教师必须潜心研究物理知识,结合教材、教参、文献等专业资料,加强思考,透彻理解物理知识的内涵和外延,理解知识之间的关联,理解知识应用的条件和用法等方面的内容,达到充分理解和掌握的水平,这样才能在课堂教学中带领学生领略物理知识的本质。

遵循逻辑的教学设计要求教师必须潜心研究学科思维方法。方法蕴含在物理知识形成和应用的过程中,需要教师去发现领悟,融入自己的思维中。物理教学从根本上来说是学科思维方法的教学,教师传授给学生物理知识的过程,也是学生体验并习得思维方法的过程。教师只有在自己掌握学科思维方法的基础上,才能将方法教学融入课堂教学设计中。

深度研究物理知识和学科思维方法的过程,是教师专业水平精进的过程,能使教师掌握的专业知识更加扎实、全面,个人教学素养水平更高。

2. 了解学生学习

遵循逻辑的教学设计要求教师必须做好有心人,多多关注学生平时上课的表达、作业的反馈、个性化的问题等方面的表现。对了解到的学生学习情况信息进行梳理分析,研究学生的思维方式和学习习惯;作教学设计时能够充分考虑学生学习的因素,安排合适的教学活动,激发学生参与课堂学习的兴趣,在实践和体验中学习物理知识和技能,锻炼学科思维。

了解学生学习情况的过程,是教师育人意识和能力提升的过程,是落实以学生为中心、因材施教教育理念的具体体现。

遵循逻辑的课堂教学设计可以促进教师更多地去思考和研究物理教学,依据学科知识逻辑确定教学内容、组织内容结构,遵循学生学习逻辑确定呈现教学内容的方式方法,包括设计提问、实验、讨论、练习等课堂活动,体现知识与学习的和谐共生。教师对课堂教学逻辑思考得越多,对教学内容的理解就越深入,对学生的学习习惯就摸得越透彻,就越能实现教学的进步与创新。

二、提升教学思维品质

教师的教学思维品质表现为教师对教学内容的理解能力、对学生学习水平的了解能力、对学科教学的思考能力、对教学活动的设计能力、对课堂生成的应对能力、对学生思维障碍的突破能力等各维度教学思维能力的水平。教师的教学思维品质是一种教师的专业素养,其高低直接决定了学科教学的效度。教师的教学思维品质越高,对教学各方面的理解就越透彻,思考就越周全,设计的教学逻辑就越符合学科的知识逻辑和学生的学习逻辑,安排的教学内容和教学活动序列就越合理,教学的效率就越高。同样,做好遵循逻辑的教学设计可以促进教师的教学思维品质的提升,两者相辅相成。

1. 发展学科思维

学科思维是在长期学科探索与实践中形成的一种被普遍认同的独特的方法系统,表现为一种专业化的思维习惯或思维定式,即当人们面对问题时,会产生一种出于本能的应对思路。遵循逻辑的教学设计特别注重培养学生的思维能力,作为前提和保障,教师自身的学科思维水平必然需要不断发展与提升。

教师的学科思维最初形成于自己的学生时期,对学科问题的思考、对学科知识的理解、对学科方法的领悟构成了自身最基本的学科思维。成为教师之后,在原有的基本学科思维的基础上,会因为角色转换而对学科知识和方法进行更加深入的思考和研究,以增强自身学科思维的精度、深度和广度。

教师的学科思维在教学实践中得到检验和磨炼,检验自身对学科内容的思考与理解是否准确到位,对学科方法的认识与传递是否合乎逻辑,对学科问题的分析与解决是否合理有效。遵循逻辑的教学设计要求教师必须对物理学科逻辑作出细致深入的分析,对教师的学科思维能力有较高的要求,在一定程度上能够促进教师主动钻研、思考、学习,使学科思维得到发展。在实施教学的过程中,学生会提出各种各样的疑问,教师在回应学生问题的过程中,自身的学科思维会受到检验,同时教师自己也会反思教学、发现问题,进行自我修炼。经过时间和实践的磨炼,教师的学科思维会变得更加精细、立体、全面,思维水平会得到持续发展。

2. 优化教学思维

教学思维可以说是教师思考教学问题的习惯,决定了教学的形态。职初教师的教学思维往往比较稚嫩,偏向于以教师自我为中心,处于一种"理想化状态",认为自己把知识和方法讲清楚了,学生就学会了,实则不然,往往在教学中达不到预期的效果。

遵循逻辑的课堂教学设计要求教学思维中必须同时有教师教的思维和学生学的思维,体现以学生为主体的教学理念。教师要思考如何将培养学生的学科核心素养融入学科知识的教学过程,教学活动序列的安排、教学环节的设计都是教师教学思维的体现。教学思维的逻辑性和灵活程度决定了整个教学设计能否引导学生体会严谨的学科知识逻辑,能否让学生通过自己的努力顺利完成思考、探究等学习任务,能否让教师在面对课堂教学生成的问题时迅速做出正确的判断,并进行恰当的处理。

教学思维需要在教学实践中不断锻炼和提高。教师在思考将物理学科逻辑与学生学习逻辑融合起来进行教学设计的过程中,会反复斟酌合适的教学逻辑。教师在课堂教学实施过程中,会体会到教学逻辑是否合适有效,通过课后反思不断优化教学逻辑。教学逻辑的每一次设计和变化都凝聚着教师教学思维的自我争斗和领悟，会使教学思维变得越来越灵活顺畅。同时，教师若能经常围绕教学逻辑进行反思和再设计，一定能使自己的教学思路变得愈加清晰，从而有效提升教学思维品质和教学智慧。

第三章　高中物理教学设计之策

　　遵循逻辑的教学设计策略就是在组织教学内容时,要体现知识内容的逻辑结构,要讲求教学内容的逻辑顺序,要构建前后内容的逻辑过渡;在设计教学活动时,要体现学生的学习逻辑,要设计适切的学习活动,要培养学生的思维能力;在形成课时教学规划时,要将教学内容、教学活动与物理思想方法融合在一起,呈现出清晰的整体教学逻辑结构。

第一节 组织教学内容

组织教学内容是教师进行教学设计的第一步。梳理教学内容的逻辑是组织教学内容的前提和策略,教师必须深入研究物理学科课程标准和物理教材,在充分理解教学目标和教材内容的基础上,对学生的学习内容进行逻辑化处理,按照一定的逻辑顺序来组织教学内容。

一、梳理内容结构

备课的第一个重要环节就是研究教学内容,梳理教学内容的逻辑结构。清晰的逻辑结构不仅能使学生对所学知识的理解更加透彻,而且能让学生在脑海中自主建构一条清晰的认知逻辑链,并内化为自主学习的方法和能力。新课程理念倡导单元教学设计,就是倡导教学要关注知识的整体性和结构性,因此梳理单元知识的逻辑结构应该是教师备课的起点。

1. 梳理单元内容结构

当我们对一个单元的内容进行梳理时,逻辑主线就是各部分知识之间的顺序关系和因果关系。因为涉及的内容较多,可以采用单元知识逻辑结构图的方式进行梳理,这样既能突出重点教学内容,又能帮助教师整理教学思路,形成合适的单元教学设计构想。需要注意的是,单元知识逻辑结构图不是单纯的知识罗列图,而是知识结构图和思维方法图的融合,既要突出主干知识之间的关系,又要显现研究知识的逻辑顺序和普遍方法。以"机械振动"单元为例,其单元知识逻辑结构图如图 3-1 所示。图中既列出了机械振动、简谐运动、弹簧振子、振幅、周期、频率、回复力、单摆做简谐运动的周期、受迫振动、共振这些主干知识，又显示了这些主干知识的逻辑顺序（用箭头表示）和相互关系（用公式或文字说明），还标注了研究机械振动的科学方法，将整个单元的教学内容和逻辑结构清晰地展现出来，这样教师在设计教学时就会形成一条清晰的逻辑主线，然后在此基础上进行整体的课时教学安排与设计。在完成整个单元教学之后，教师可以引导学生画出他们自己脑海中的单元知识逻辑结构图，来检验是否达到了预期的教学效果。

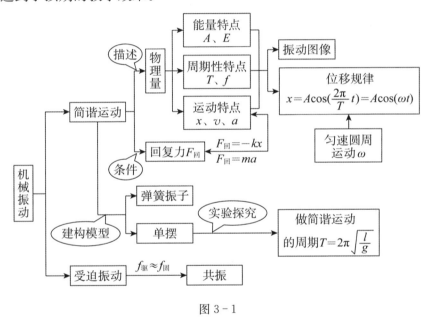

图 3-1

2. 梳理课时内容结构

当我们对概念课或规律课的课时内容进行梳理时，逻辑主线就是概念或规律的内在逻辑结构，通常是从知识的由来到科学定义，再到知识的内涵和外延。有些物理概念具有相似的逻辑结构，例如有关各种力的逻辑结构基本上都是：从力产生的原因认识力，然后引出力的定义，再从力的三要素（作用点、方向和大小）来描述理解力；有关描述运动的各种物理量的逻辑结构通常是：为何要引入这个物理量,然后是如何定义这个物理量,最后是怎样用这个物理量来描述实际的运动;有关各种形式能量的逻辑结构通常是:从生活经验或是类比方式引出某种能量,再通过与该能量变化相对应的力所做的功来推出这种能量的表达式。有关物理规律的逻辑结构通常是:从观察相关的物理现象开始,探讨研究现象的方法,作出猜想或推测,然后开展科学探究活动,通过分析推理归纳得出结论,最后讨论规律的适用条件。

当我们对习题课的课时内容进行梳理时,逻辑主线就是应用知识解决问题的思维逻辑。当我们对复习课的课时内容进行梳理时,逻辑主线就是板块的知识逻辑、一类问题的研究思路。当我们对实验课的课时内容进行梳理时,逻辑主线就是实验探究的步骤。

教学内容的逻辑结构是设计、实施物理教学的基础,结构性不强的教学容易使教学内容在学生脑海中处于离散状态,无法帮助学生形成整体性的物理观念。因此,在组织教学内容时以逻辑结构为基础很有必要。

二、理顺教学顺序

完成梳理教学内容的逻辑结构之后,教师就可以依据教学内容的逻辑结构和学生的学习逻辑安排教学顺序了。

1. 理顺单元教学顺序

设计单元教学顺序应在单元知识逻辑结构图的基础上,结合学生的学习逻辑进行考虑,确定最符合学生认知规律的实施方案。

仍以"机械振动"单元为例来说明如何确定单元教学顺序。在形成单元知识逻辑结构图之后,接着就是思考学生研究物体运动的逻辑,此逻辑初步形成于研究直线运动的过程。学生对直线运动的认知始于确定物体的位置,然后逐步深入到研究物体的位置变化(位移)、位置变化的快慢(速度)、运动变化的快慢(加速度),形成了一条研究物体运动的基本思路;接着再探寻物体运动状态发生变化的原因,即产生加速度的原因(物体受到力的作用),继而具备了分析力与运动关系的能力。那么,在研究机械振动的过程中,是否也应该遵循这样一条研究思路呢? 先让学生思考如何描述机械振动,再去寻找物体振动的原因,不仅能让学生联想到曾经经历过的研究思路,还能多一次迁移应用的经历,在研究过程中又会遇到新的问题,毕竟每种运动都有自己的特点,于是稳中有变,思维得以发展延伸,产生深度学习的效果。

综上所述,这个单元比较合适的教学顺序应该是:从运动轨迹的特点开始初步认识机械振动,然后从运动的角度研究机械振动;先建立弹簧振子物理模型,观察现象研究如何描述振动物体的位置变化,定义振动的位移即振动物体相对平衡位置的位移,不同于直线运动和曲线运动的位移描述方法,振动的位移带有鲜明的振动特征;随后通过实验获得振动图像即位移-时间图像,在图像中观察速度的变化情况,运用了与直线运动相同的研究方法;至于加速度,直线运动中是通过速度-时间图像来研究的,在振动中较难实现,不妨换一个思路,倘若能够知道物体的受力情况,那么运用牛顿第二定律 $F_{合}=ma$ 来研究加速度也是一个好方法,自然过渡到对振动物体进行受力分析得出合外力,顺便引出回复力的概念;弹簧振子模型的受力情况比较简单,回复力大小与位移大小成正比($F_{回}=-kx$)的特征非常明显,其振动过程是典型的简谐运动模型;再以单摆模型为研究对象,讨论较为复杂的回复力情况,通过小角度的近似提炼出简谐运动的特征,进一步深入理解回复力大小与位移大小成正比的关系中比例系数 k 的物理意义,k 反映了振动系统的结构特点。至此,对振动系统在由自身结构所决定的回复力的作用下所做的自由振动的讨论完成,接着就进入到研究振动物体受到周期性驱动力作用下的受迫振动。由于受迫振动的运动情况更为复杂,所以不再细致研究受迫振动的运动规律,而是着眼于研究振动系统接收驱动力传递过来的能量与驱动力频率之间的关系,使学生建立对共振现象的认识,同时也

第三章

高中物理教学设计之策

为后续学习机械波奠定基础,便于学生理解:介质中的质点在相邻质点带动下的运动是受迫振动,策动力的频率等于波源的振动频率,即介质中所有质点的振动频率都等于波源的频率。通过这样一个单元学习的过程,学生既能比较顺畅地形成对机械振动的系统认识,也有利于思维的巩固与发展。

2. 理顺课时教学顺序

再来看课时教学顺序应该如何安排,与课时相对应的教材内容是以段落的形式呈现的,每一部分讨论一个教学点,各部分之间大多为并列关系,前后顺序并不一定代表相互之间的逻辑关系。有时按照教材内容呈现的顺序进行课堂教学设计并不顺畅,并不适合自己的教学对象,此时教师应当重新整合教材中的学习内容,用一条清晰的教学逻辑线将学习内容串接起来,体现知识结构和思维方式的逻辑性。对学生而言,有逻辑的学习内容更容易理解和接受,学习的有序性能帮助学生建立思考问题、研究问题的有序性,提升学生的分析推理归纳等思维品质。对教师而言,一堂逻辑结构清晰的课,会更加容易控制课堂教学节奏,在引导学生学习方面也会更加自然流畅。在课堂教学中,将所有的教学内容组织起来,既能表现出各部分内容自身的逻辑特点,又能展现出前后内容的关联和顺序,循序渐进地引导学生体验学习过程、领悟物理学研究方法、形成学科思维能力。因此,教师在进行教学设计的时候,要重点关注教学内容的顺序,形成一条逻辑顺畅的主线,要遵循由旧到新、由表及里、由浅入深的学习规律,这将有效提升课堂教学的质量和效果。

以"弹力"这节课的教学设计为例,参照上科版老教材中的学习内容,根据弹力知识的逻辑结构,教学顺序可以作这样的微调(见表3-1):

表3-1

教材中学习内容的顺序	与逻辑结构相对应的教学顺序
弹力是常见的力,拉力、支持力等属于弹力	物体在力的作用下可以发生形变

教材中学习内容的顺序	与逻辑结构相对应的教学顺序
弹力与形变直接相关	弹性形变
弹性形变	定义弹力
明显形变、微小形变	明显形变、微小形变
定义弹力	了解按作用效果命名的弹力,如压力、支持力等
学生实验"探究弹簧弹力与形变量的关系"	学生实验"探究弹簧弹力与形变量的关系"
研究弹力的作用点和方向	研究弹力的作用点和方向
练习画弹力的示意图	练习画弹力的示意图

  鉴于学生在初中没有接触过弹力这个名称,所接触的压力、浮力都是根据力的作用效果来命名的,容易理解且已成为学生对力的认知基础,而弹力是根据力的性质来命名的,必须从它产生的原因出发才容易被学生理解并接受。因此,教学伊始应先不提弹力一词,引导学生从观察弹簧的形变现象开始,认识形变,分析弹力产生的原因,帮助学生主动建构弹力的概念;之后再提出弹簧与接触物之间的拉力或压力都属于弹力的性质,学生就能理解性质力与效果力之间的区别与联系了。而微小形变并非建构弹力概念必须要讨论的问题,可以安排到弹力概念形成后再讨论,这样能够帮助学生理解平时经常谈及的推力、拉力和压力,大多是由微小弹性形变引起的弹力,使学生加深对弹力的认识,产生思维进阶的学习效果。在研究弹力的三要素方面,认识弹力大小与形变量的关系对学生而言难度最小,虽然学生实验本身有一定的操作难度,但是学生容易理解。关于弹力的作用点,教材规避了面接触,只演示了点接触的情况,但是学生遇到的具体情境大多是面接触的,无法回避,因此将研究物体视为质点、将各个力的作用点都画在重心上是最好的解

释。确定弹力的方向是这部分教学内容的难点，放到最后进行重点突破是非常合理的安排，可以让学生在前面学习的基础上对弹力的理解更清晰、更深入。这部分教材内容比较简约，教师可以从弹力产生的原因出发进行详细分析，帮助学生充分理解"弹力方向总是指向发生弹性形变物体恢复原状的方向"的含义，让学生从本质上学会判断各种真实情境下的弹力方向。

教学顺序是教师为学生量身定制的教学活动逻辑主线，体现了教师对具体教学内容内在逻辑和学生学习逻辑的理解，是教师顺利开展教学活动的基本保障，是教师备课过程中的重点环节，必须仔细考虑周全。

三、设计合理过渡

在理顺教学顺序的基础上，设计合理过渡是组织教学内容形成一体化教学的必要步骤。过渡不好的课有时会让学生感觉莫名其妙，好像突然之间"断片"了，长此以往，会导致学生思维不连续，缺乏逻辑性。因此，教师一定要做好各部分教学内容之间的衔接，建立自然的沟通，让学生感觉整堂课是一个完整的活动系列。在参与活动和思考问题的过程中，学生就会关注思维的延续和前后知识的联系，形成对系列问题的整体性认识。

1. 语言过渡

语言过渡是教学中最常使用的过渡方式，通过一些与前后内容相关的过渡词来连接前后两部分教学活动，既能让学生的思维产生延续，又能自然地转向后续的学习。过渡的语言应较多使用疑问句或设问句，因为这样可以引起学生对新问题的关注或思考。当然，要尽量避免使用诸如"接下来我们要进行的是……"之类的语句作为过渡，因为这会让学生感觉前后的教学活动没有关联，容易产生思维中断的现象。

2. 情景过渡

情景过渡也是一种常用的过渡方式,安排一个与前后教学活动相关的情景来完成教学活动的转换,使学生从感性的角度进入后续的教学活动。情景过渡比较生动形象,更容易引起学生的关注,快速转换研究视角。

仍以"弹力"这节课的教学设计为例,按照前面确定的"弹力"教学顺序,某教师设计了以下六个教学活动:

活动一:学生用手挤压或拉伸弹簧,感受弹性形变

活动目的:让学生了解弹性形变的特征,明确发生形变的物体能产生弹力,引出弹力的定义。

活动二:教师演示,学生观察水平桌面、玻璃瓶的微小形变

活动目的:让学生亲眼目睹两种将微小形变放大的方法,加深对弹力性质的理解。

活动三:探究弹簧的弹力与形变量的关系(至少使用两种规格的弹簧进行分组实验)

活动目的:通过分组实验,学生可测得一组弹簧的弹力大小与形变量大小的数据,引导学生运用图像法进行数据分析,综合各小组的数据分析结果,归纳得出胡克定律。

活动四:教师演示自制弹簧的弹性限度

活动目的:使学生认识到弹簧只能在一定范围(弹性限度)内发生弹性形变,所以胡克定律也只在弹簧的弹性限度内成立。

活动五:描述弹簧弹力的方向(分弹簧伸长和压缩两种情况进行描述)

活动目的:让学生初步感受弹簧的弹力方向与弹簧形变方向之间的关系,为后续判断物体发生微小形变时产生弹力的方向做好铺垫。

活动六:讨论课桌对书本的弹力方向、搁在课桌边上的扫帚受到课桌对它的弹力方向,并用实验进行演示说明

活动目的:使学生对弹力方向的认知从根据经验做出判断,深入到必须从弹力产生的原因出发来分析问题,再通过实验观察形变方向进行验证,强化对弹力方向总是指向施力物体恢复原状的方向或总是与施力物体形变的方向相反的深刻认识。

针对这六个教学活动,教师设计了五个教学过渡:

过渡①:放在讲台上的粉笔盒受到桌面的作用力吗? 是弹力吗?

属于情景过渡,从对弹簧产生的明显形变的观察转向对讲台桌面肉眼不可见的微小形变的观察,激发学生了解桌面与粉笔盒之间作用力情况的兴趣。

过渡②:我们已经了解了弹力是怎么产生的,那么怎么研究弹力呢?

属于语言过渡,用纯语言的方式激发学生思维,想到研究弹力的三要素(如有需要可启发学生联想之前是如何研究重力的),引出首先研究弹力的大小。

过渡③:根据胡克定律,弹簧产生的弹力大小与其形变量成正比,这个关系会一直存在吗?请大家仔细观察接下来的实验。

属于语言过渡,引导学生延续前面的学习,对后面的学习活动产生期待。

过渡④:认识了弹簧的弹力大小这一要素,我们继续研究另一个要素——弹簧的弹力方向,你能看出弹簧对钩码施加的弹力方向吗?

属于情景过渡,从对弹簧弹力大小的研究转向对弹力方向的观察。

过渡⑤:你能看出桌面对粉笔盒施加的弹力方向吗?

属于情景过渡,从对明显形变产生的弹力方向的观察转向对微小形变产生的弹力方向的研究。

本示例中教师用五个过渡将六个教学活动很自然地串联起来,保持了学生思维的连续性和逻辑性,使学生的学习思路保持顺畅,同时也能使整个课堂教学过程自然流畅,具有优美的线条感。

第二节 设计教学活动

　　学生是学习的主体,让学生感受到学习内容的逻辑性,能用科学的方式去思考学习内容,是设计教学活动的重要目标。整个课堂教学过程是由若干个相对独立又彼此相关的教学活动构成的,学生通常在各个活动中完成知识点的学习,因此设计具体的教学活动应当遵循学生的学习逻辑,用符合学生认知规律的方式来促进学生进行有效学习。教师如果没能做好活动细节的设计,就可能使学生处于低效的学习状态。

一、研究学习逻辑

　　研究学生的学习逻辑是教师进行教学设计的前提条件。只有摸清了学生的学习情况,教师才能从学生熟悉的角度出发,沿着学生习惯的思路来设计教学活动,用符合学生学习逻辑的活动来打动学生,让学生感受到自己对学习可以有所把握,产生参与学习的愿望,愿意开动脑筋思考问题,最终实现学习目标。

1. 研究内容

　　研究学生的学习逻辑就是要研究学生的认知特点。学生的认知一般具有由浅入深、由易到难、由熟悉到陌生、由具象到抽象、由感性认知上升到理性认知、由特殊到一般的特点。笔者注意到,新教材的整体设计充分体现了尊重学生学习逻辑的理念,试图降低学生学习物理的难度。例如,在"匀变速直线运动"单元,先研究自由落体运动的规律再推出一般匀变速直线运动的规律,遵循了学生从特殊到一般的学习逻辑;教材运用内涵丰富的图片对物理现象进行了形象描绘,遵循了学生从具象到抽象的学习逻辑。

　　研究学生的学习逻辑就是要研究学生的认知基础。针对所要学习的内容,要弄清楚学生已经具备的知识基础是什么,思考路径可能是什么,难点可能是什么……

研究学生的学习逻辑就是要研究学生的认知最近发展区。针对所要学习的内容,要明白哪些是学生跳一跳够得着的地方,哪些是需要铺设台阶攀登才能到达的地方。

2. 研究路径

研究学生的学习逻辑是教师的必修功课,教师可以通过经验总结积累的方式来完成。教师在教学过程中要做个细心观察的人,记录学生在课堂上的反应、提出的问题、作业中出现的错答等有关信息,分析原因,思考对策,养成进行教学备注或教学反思的习惯,不断积累,即可获得有关学生思维习惯、学习难点方面的比较全面的信息,以及应对策略,形成教学经验,为后续教学活动设计作参考。但用这种方式获取的信息会有滞后效应,对短期内的教学对象应用可信度较高,对时间跨度较大的教学对象应用可能会出现较大的偏差,因为随着时代的发展和进步,教育改革一路推进,受教育者的成长环境会发生较大变化,其认知基础、思维方式和习惯也会有所变化,所以教师对学生学习逻辑的研究应当与时俱进。

教师也可以通过与学生沟通交流的方式来获得关于学生学习情况的相关信息,具体形式可以是师生的当面交流、书面的测试卷(又分为课前预测和课后检测)等。用这种方式获取的信息直接指向当前的教学对象,特别是课前的沟通交流对教师设计教学活动帮助很大,可以根据学生的基础和能力设计相应的教学活动。而课后的沟通交流又能帮助教师进行教学反思,对不当、不足之处作出补充设计,完善教学。

研究学生的学习逻辑,体现了以学生为主体的教学理念,是教师做好教学设计的重要依据。脱离学生学习逻辑的教学可能看上去很漂亮,但是其教学价值不高,我们必须牢记一点:学生是教学的中心!

二、设计学习活动

以学生的认知习惯、思维方式、理解能力等学习要素为依据,设计合适的学习活动,通过实验、提问、交流、讨论等活动引发学生的自主思考和相互启发,能使学生在活动中产生对学习内容的内心体验,用自己的感官、头脑和心灵去感知知识的来龙去脉,理解知识的含义,形成知识结构。

1. 体验中感悟

物理概念本身都比较抽象,纯粹描述概念不容易使学生学懂弄通,而设计适当的学习活动,让学生体验概念的形成逻辑,感悟概念的本质,通常能产生较好的学习效果。例如,物理模型是一类高度抽象的物理概念,在现实生活中并不存在,学生记住物理模型的定义容易,但要理解物理模型却不容易,反映在将实际情境中的研究对象或过程抽象为物理模型时会产生障碍。想要让学生真正理解并会运用抽象的物理模型,就应该遵循学生的学习逻辑,让学生经历一遍从具体的事物或现象中忽略次要因素、突出主要因素的抽象过程,通过体验这个过程中蕴含的概念形成逻辑和理想化方法,感悟物理模型的本质。而教师的任务就是要将这个抽象的过程设计成教学活动。

以"弹簧振子模型建构"为例,可以这样来设计体现模型形成逻辑的教学活动:

① 演示:如图 3-2 所示系统的振动现象,请学生观察并描述该振动系统的结构和振动情况;

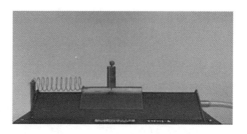

图 3-2

② 问题:滑块的运动情况与弹簧的运动情况相同吗?

③ 讨论:想要单纯研究滑块的运动,而不考虑弹簧的运动,可以吗?

④ 演示:在滑块振动过程中给导轨"断气"时发生的现象;

⑤ 讨论:研究滑块振动时的主要因素和次要因素,建构弹簧振子模型。

整个教学活动的设计从真实的实验开始,先让学生观察振动系统的结构和振动情况,对振动系统建立一个具体直观的认识;通过问题让学生意识到弹簧的运动情况与滑块的运动情况不同,需要忽略弹簧的运动;然后组织学生讨论怎样才能忽略弹簧的运动,认为弹簧只为滑块提供振动所需要的弹力,而力对弹簧自身的运动不产生影响,此处恰好可以让学生重温"轻质弹簧"的物理模型;在接下来的演示中学生会感受到阻力对滑块振动的巨大影响,意识到必须去除阻力才能保持振动系统持续地振动下去;最后,综合前面的实验和分析,确定在研究滑块振动时要突出的主要因素和忽略的次要因素,抽象出理想化的弹簧振子模型,如图3-3所示。图示的物理模型与真实的振动系统在外观上非常相似,整个模型建构的过程用视觉上的具象引出了思维上的抽象,笔者以为这是比较符合学生学习逻辑的做法,能实现在体验中感悟的效果。

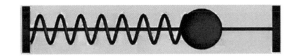

图3-3

2. 探究中领悟

物理规律的得出大多源于探究学习活动。不论是理论探究还是实验探究,都要建立在符合学科逻辑的基础上,遵循学生的学习逻辑,既要让学生已有的知识和经验有用武之地,产生参与活动的欲望,又要设置好学习的阶梯,引导学生的学习向纵深处发展。

我们来分析比较表3-2中的两个探究学习活动设计方案,看看如何在探究中实现领悟。

表 3 - 2

学习活动	方案一	方案二
探究向心力和向心加速度的大小和方向	① 观察实验现象得出物体做圆周运动都需要指向圆心的向心力; ② 猜想向心力大小与哪些因素有关; ③ 用 DIS 实验探究向心力大小; ④ 根据牛顿第二定律得到向心加速度公式。	① 推理物体速度方向变化要有加速度,根据加速度定义,用矢量图表示速度的变化量,观察当 Δt 趋向于零时加速度方向指向圆心; ② 猜想向心加速度大小与哪些因素有关; ③ 用 DIS 实验探究向心加速度大小; ④ 根据牛顿第二定律将测量向心加速度转化为测量向心力。

在本学习活动中,两个方案都是通过实验探究的方法获得向心力和向心加速度公式,学生都经历了猜想、运用控制变量法进行实验、分析数据得到初步结论的过程,能够全面培养学生的科学探究能力,差别在于实验探究的对象不同:一个是向心力,另一个是向心加速度。方案一是先通过观察得出向心力的方向,并猜想向心力大小与哪些因素有关,然后进行向心力大小的实验探究,再根据牛顿第二定律推理得到向心加速度公式;方案二是先从速度变化与加速度的关系出发,通过矢量图和极限方法让学生理解向心加速度的方向,然后猜想向心加速度大小与哪些因素有关,接着进行向心加速度大小的实验探究,由于实验中不便直接测量向心加速度,于是根据牛顿第二定律将测量对象转化为向心力。方案一的设计比较适合思维能力较弱的学生,通过实验感受向心力的作用和方向,可以直接感受向心力的大小与物体运动速度之间的关系,与原有认知的关联性弱,探究活动可以从零开始,容易上手,学生在探究过程中领悟到的内容不多。对于思维能力较强的学生而言,在过往的学习中已经形成了力与加速度密切相关、力与速度无直接关系的逻辑,方案二的设计较为符合他们的学习逻辑。方案二设计延续了研究物体运动的基本思路,从速度方向变化需要加速度入手,根据加速度定义,运用矢量图和逻辑推理的方法得到匀速圆周运动的加速度方向,然后在实验探

究向心加速度大小的环节巧妙提出通过测量向心力得到向心加速度大小。如此设计有利于学生理解向心加速度的物理意义,理解向心力是一种合外力,领会在实验中可以运用间接测量的方式解决问题,虽然整个过程探究难度较大,但学生从中领悟到的内容较为丰富,活动的教学价值更大一些。

三、引领思维运动

学生的思维发展一般从形象思维开始,逐步向抽象思维发展,高中阶段是学生的抽象思维(即逻辑思维)快速发展阶段,因此物理教学的任务之一就是要设计经常性的思维运动来促进学生的逻辑思维能力发展。在设计思维运动的过程中,要重点关注培养学生思维的连续性、深入性和发散性。

1. 问题引领

从学习逻辑的视角来看,教师借助情境通过一系列问题来激发学生思考、引领学生进行方向明确的思维运动,可以帮助学生建构新知,丰富原有的认知体系,锻炼和提升思维能力。

例如:在"磁感应强度"的教学中,可以通过以下的问题链,引导学生认识和理解磁感应强度这个物理量。

问题①:如何定性描述磁场的强弱和方向?

功能:引导学生的思维探寻初中学习中建立的对磁场强弱和方向的认知,可以用磁感线形象直观显示出磁体周围各处磁场的强弱和方向(但是初中没有明确提出磁感线的切线方向表示磁场方向)

问题②:如何定量描述磁场的强弱?

功能:引导学生回忆初中研究磁场的方法,鼓励学生提出用小磁针受力去探测磁场的强弱,迁移了用试探电荷研究静电场强弱的方法,使学生思维的延续性和关联性得到很好体现。

问题③:用小磁针来定量探测磁场的强弱可行吗?

功能:培养学生的论证思维,引导学生发现小磁针在磁场中受力的方向可以显示,但是受力大小无法准确显示出来,而且也无法区分不同小磁针在磁场中受力情况的差异与小磁针本身磁属性之间的定量关系,明确此方案不可行。

问题④:应该用什么作为探测磁场强弱的工具呢?

功能:启发学生运用刚刚学到的电流周围空间产生的磁场会对置于其中的磁体产生磁场力的作用,根据力的作用是相互的可推理得出,通电导线在磁场中也会受到磁场力的作用,因此可以将电流作为探测磁场强弱的工具。

问题⑤:作为探测磁场强弱的工具,置于磁场中的检验电流需要满足什么条件? 可以类比一下探测电场强弱的工具具有怎样的特点。

功能:引导学生通过类比思维推理得出检验电流的特点是,电流 I 足够小、长度 Δl 足够短;不同于检验电荷,电流元 $I\Delta l$ 在磁场中某点放置是有方向区别的,所以必须要找到电流元在磁场中某点受到的最大磁场力,才能作为描述该点磁场强弱的依据。

问题⑥:如何用电流元在磁场中某点受到的磁场力来定量描述该点的磁场强弱?

功能:引导学生通过类比思维推理得出磁感应强度的定义式。

问题⑦:磁感应强度的方向是电流元受力的方向吗?

功能:防止学生进行错误类比,依据电场中某点电场强度的方向就是正电荷在该处的受力方向,类比得到磁场中某点磁感应强度的方向就是电流元的受力方向。提醒学生运用类比思维时,既要关注类比对象之间的相似之处,更要关注它们的不同之处,类比不代表两者的特点完全相同,只是部分相似而已。

这样一种逻辑结构严谨的问题链,能够引导学生的思维连绵不断、有序发展。

2. 情境引导

从学习逻辑的视角来看,教师借助不同情境问题来引导学生进行逐步深入的思维运动,可以帮助学生深度理解知识的应用,锻炼和提升迁移能力。

例如,在得出牛顿第三定律之后,教师可以通过以下情境问题来引导学生深入思考牛顿第三定律的应用,体会其学科价值。

情境问题①:静止在湖面上的小船对湖水产生了多大的压力?

分析:问题的重点不在于学生能说出答案,而是在于学生是否能准确表述得出答案过程中用到的逻辑关系。不能直接以湖水为研究对象进行受力分析得到小船对湖水的压力大小 F,应该根据牛顿第三定律分析湖水对小船的浮力大小 F' 等于 F,再以小船为研究对象,根据平衡力关系得到湖水对小船的浮力大小 F' 等于小船的重力大小 G,于是推理得到 $F=G$。

情境问题②:在图 3-4 所示情境中,用一个手指竖直向上将一物块顶在天花板上,已知手指对物块的作用力大小为 F,物块的重力大小为 G,求物块对天花板产生的压力大小。

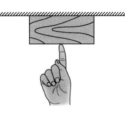

图 3-4

从情境问题①到情境问题②,教师的情境问题设计导向很明确,先让学生在一个熟悉的简单情境①中体会牛顿第三定律的价值,初步感受在实际问题中转换研究对象的方法,然后再让学生迁移运用到较为复杂的情境中去。情境问题②比情境问题①多出了一个可选择的研究对象,需要学生运用情境问题①中学习的转换研究对象的方法进行研究,对物块进行受力分析后,列出力的平衡关系式即可求得天花板对物块的压力,再根据牛顿第三定律推得物块对天花板的压力。情境问题②不仅让学生进一步体会到牛顿第三定律在转换研究对象时发挥的纽带作用,而且还能纠正部分学生对于"物体总能将力全部传递出去"的错误认知,建立正确的相互作用观。难度递进的情境问题对落实学科知识、技能和方法的教学很有效,对学生思维发展有着明显的促进作用。

3. 任务驱动

设计一个开放性的小任务,来激发学生多条线的思维运动,形成一个以任务为中心的思维网络,有助于知识和方法的结构化。

例如,"测定一个简谐运动的周期"是一个开放性的小任务,可以有多种完成路径。这个任务的教学逻辑是调动学生已有的物理知识和方法储备,为具有不同层次知识结构和能力水平的学生,提供参与学习和锻炼思维的机会。具体实施有两种比较典型的教学策略:一是组成学习小组,每个小组设计一个测量方案,然后进行全班交流展示;二是由学生个人自主设计测量方案,鼓励学生设计尽量多的方案,然后汇总方案在班级进行展示。两种教学策略的侧重点不同,产生的教学效果也不同,前一种侧重于培养学生的合作学习能力,后一种则侧重于培养学生思维的灵活多样。两种教学策略的适合对象也不同,前一种适合个体学习能力较弱的学生群体,后一种适合个体学习能力较强的学生群体。实践证明,无论采用哪一种教学策略,学生参与的积极性都很高,从不同角度想到的测量方案很丰富,例如:用秒表测量运动物体完成若干次全振动的时间;用光电门传感器直接测量运动物体的周期;用位移传感器测量运动物体的振动图像,从图像上测量周期;用力传感器测量为运动物体提供回复力的外力随时间变化的图像,从图像上测量周期;拍摄物体运动的视频,从视频的时间轴上测量周期。开放性的任务激活了学生的思维,使不同能力水平的学生都有可能完成任务,通过互相学习又能使学生的思维更加丰富多样。同时,以简谐运动的周期为中心点聚合了简谐运动的主要特征和实验方法,加强了学生对运动和力的周期性变化特点的理解,教学效果甚好。

设计教学活动是教师对教学的理解和创造过程,既要以课程标准和教材为依据,又要遵循学生的认知规律和思维特点。教师在设计教学活动时要有逻辑意识,要设计出符合学科逻辑、适合学生的学习活动,为学生创建一个逻辑清晰的学习过程,有效促进学生的学习和能力的提升。

第三节 形成教学逻辑

教学内容的逻辑化处理和教学活动的设计,同时体现了物理学科逻辑和学生学习逻辑,融合起来形成的教学逻辑是教师开展课堂教学的依据。我们可以将整堂课的重点内容、主要活动、思想方法和教学思路凝练成一张简明扼要的教学逻辑结构图,来展现课堂教学的内容逻辑和思维逻辑。教学逻辑结构图是简化版的教学设计,在形成教学逻辑结构图的过程中能促进教师对教学再作全面梳理和思考,突出教学重点,更具全局观。

一、形成课时教学规划

课时教学是学科教学的基本单元。教学内容是目标,教学活动是路径,整合教学内容与教学活动是形成课时教学规划的关键步骤,梳理教学内容和教学活动中蕴含的物理学科方法是课时教学的点睛之作。

1. 整合内容与活动

整合教学内容和教学活动就是要将主要的教学内容和教学活动进行配对,查看是否有不相适应或疏漏之处,并进行修正和补充,形成一个完整的教学流程。

以"电场强度"课时教学为例,形成的课时教学流程如下:(主要教学内容用"☞"表示,设计的教学活动用"◆"表示)

◆ 在塑料丝中间打个结,将其中一半撕成细丝,用干燥的手掌握住细丝捋几下,观察现象并分析原因

☞ 电荷间的相互作用依靠电场

◆ 让头发屑悬浮在蓖麻油中,加上高压电极观察头发屑受到电场力后的分布情况;用"电发"实验进一步强化

☞ 用电场线形象描述电场

◆ 观察图 3-5 中带电轻质小球在电场中某位置的受力情况，寻找定量描述电场强弱的物理量

☞ 用电场强度定量描述电场力的性质

◆ 推导点电荷电场强度的计算式

◆ 定量分析两个等量同种点电荷连线上和中垂线上的电场强度分布特点

图 3-5

☞ 匀强电场

整个教学流程的设计基本遵循观察实验与逻辑推理相结合的方式来认识电场强度。逻辑主线是从具象的实验现象中抽象出电场和描述电场强弱的物理量，从最基本的点电荷电场强度计算式入手，通过理解两个等量同种点电荷电场的叠加方法，认识两个电荷连线上和中垂线上电场强度的分布特点，为理解匀强电场的形成和电场强度分布特点奠定基础，实现从简单到复杂的思维进阶。

2. 梳理物理学科方法

物理学科方法是教学活动中极具价值的部分，是培养学生学科核心素养的重要抓手，是整个教学逻辑中需要突出的要素，必须在教学逻辑结构中清晰体现。因此，在整合教学内容和教学活动的基础上，梳理其中的物理学科方法是体现教学逻辑的重要环节。

高中阶段常用的物理学科方法有：观察法、实验法、模型建构、比值定义法、等效法、逻辑推理法（类比、归纳、演绎）、假设法、控制变量法……这些方法中大多属于思维方法，充分体现了科学思维在物理学科中举足轻重的地位。

梳理一下蕴含在上述"电场强度"课时教学活动中的物理学科方法，用"＿＿＿"显示。

◆ 在塑料丝中间打个结，将其中一半撕成细丝，用干燥的手掌握住细丝捋几下，观察现象并分析原因

方法：学生观察到塑料细丝会散开，运用摩擦起电知识推理得出细丝上带有同种电荷，细丝之间存在相互排斥的作用力，细丝上电荷

之间的相互作用力不需要接触即可发生;类比初中学过的磁体之间的相互作用知识,推理得出电荷之间也是通过自身激发的电场产生相互作用的。

◆ 让头发屑悬浮在蓖麻油中,加上高压电极观察头发屑受到电场力后的分布情况;用"电发"实验进一步强化

方法:类比初中探究磁场的方法——用铁屑在磁场中受力后的位置分布来展现磁场的强弱和方向分布特点,用悬浮在蓖麻油中的头发屑来探测静电场的强弱和方向分布特点。演示"电发"实验进一步凸显头发在电场中的受力情况,再次类比初中描绘磁场的方法——磁感线模型,建构出电场线模型。

◆ 观察图3-5中带电轻质小球在电场中某位置的受力情况,寻找定量描述电场强弱的物理量

方法:学生观察到小球所带电荷量越大,悬绳偏离竖直方向的夹角 θ 越大,推理得出不同电荷在电场中某点受到的电场作用力大小不是一个定值,不能用来描述该点电场的强弱。引导学生进行假设推理,如果一个电荷量为 q 的试探电荷在电场中某点受到的电场作用力为 F,那么所有跟它一样的电荷在该点受到的电场作用力也为 F,所以如果将一个电荷量为 nq 的试探电荷放在该点,那么它受到的电场作用力就应该为 nF,得出试探电荷受到的电场作用力与其电荷量的比值是一个常量,与试探电荷无关,这个比值可以用来表征电场本身的属性。于是,将此比值定义为电场强度,用来描述该点电场的强弱。

◆ 推导点电荷电场强度的计算式

方法:根据电场强度定义式和库仑定律,演绎推理得到点电荷电场强度的计算式 $E = kQ/r^2$。

◆ 定量分析两个等量同种点电荷连线上和中垂线上的电场强度分布特点

方法:根据点电荷电场强度的计算式和电场叠加原理,演绎推理

得到等量同种点电荷连线和中垂线上电场强度的分布特点,顺势运用微元法、对称性和叠加原理,建构出匀强电场模型。

二、呈现教学逻辑结构

将课时教学规划以简洁明了的方式呈现出来,可以帮助教师轻松把握课时教学逻辑主线,明确主要教学内容和教学活动,以及对应的物理学科方法。教学逻辑结构图就是一种比较合适的呈现方式。

1. 画出教学逻辑结构

将设计好的整个教学流程和其中蕴含的物理学科方法用结构图的方式展现出来,就形成了一张课时教学逻辑结构图。结构图可以清晰地显示整个教学逻辑,突出教学过程中运用的物理学科方法,发挥纵观全局、把握重点的作用。上述"电场强度"课时的教学逻辑结构图如图3-6所示。

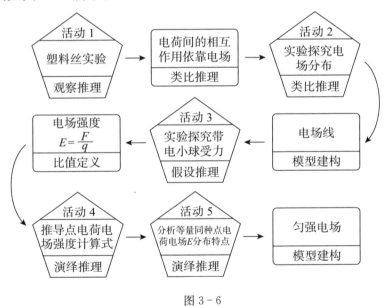

图 3-6

2. 标注教学逻辑要点

教学逻辑结构图中能呈现的要素有限,还需要在图的下方标注一些必要的说明,主要是对活动的说明,便于实际操作。配合上述

"电场强度"课时的教学逻辑结构图需要标注以下的要点说明：

活动 1：情景引入，在塑料丝中间打结，一半撕成细丝，用干燥的手掌握住细丝捋几下。

引导学生观察现象，运用摩擦起电、电荷间相互作用的知识，类比磁场引出电场。

活动 2：实验探究，悬浮在蓖麻油中的头发屑在静电场中的受力情况，演示"电发"实验。

引导学生类比用铁屑探究磁场分布的方法、用磁感线模型描绘磁场的方法，建构电场线模型。

活动 3：实验探究，带电小球在电场中的受力情况与小球电荷量、所处位置的关系。

引导学生观察小球带不同电荷量时在同一位置的受力情况，通过假设推理得出电场强度的比值法定义。

活动 4：理论推导，点电荷电场强度的计算式。

引导学生运用电场强度定义式和库仑定律进行演绎推理，得出点电荷电场强度的计算式。

活动 5：理论推导，两个等量同种点电荷连线上和中垂线上电场强度的分布特点。

引导学生运用点电荷电场强度的计算式和叠加原理进行演绎推理，得出两个等量同种点电荷连线上和中垂线上电场强度的分布特点。再以中垂线上电场强度的分布特点为基础，运用微元法、对称性和叠加原理，建构匀强电场模型。

遵循逻辑的课堂教学设计对教师的教学思维水平提出了高要求，教师在教学设计中既要对物理学科逻辑有精益求精的追求，又要对顺应学生学习逻辑的教学方法有持续性的思考，使教学逻辑在实践中不断得到调整优化。教师要在教学实践中做个有心人，养成主动观察教学效果、随时研究教学过程的习惯，及时发现不当之处，积极反思改进教学设计，在促进学生学习、发展学科思维的同时，积极提升自身的教学思维品质，营造更好的课堂教学氛围。

第四章 高中物理教学设计之举

按照教学内容和教学形式特点,高中物理课堂教学可以分为新授教学、习题教学、复习教学和实验教学四个主要类型。不同类型课堂教学的逻辑特点不同,实施教学策略的侧重点就不同,应区别对待。高中物理课堂教与学的设计,应依据不同类型课堂教学的逻辑特点,以相关内容为载体,以促进学生素养发展为目标,融合物理学科逻辑和学生学习逻辑,形成关于教学内容和教学活动安排的教学逻辑。本章围绕遵循不同类型课堂教学的逻辑特点进行教学设计展开阐述。

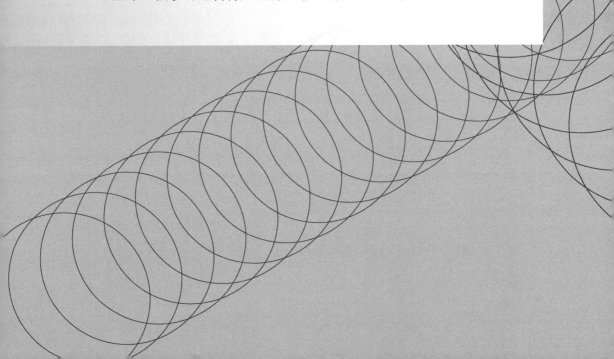

第一节 新授教学

新授教学的逻辑特点是侧重于物理知识在学生头脑中的形成逻辑。新知识的习得过程对学生而言有难度,学生对物理现象的感知能力、理解能力参差不齐,所以新授教学的设计要充分关注学生的学习逻辑,在课堂引入、探究活动、理解新知等重要环节上多动脑筋,既要向学生充分展现学科知识的形成逻辑,又要考虑学生的认知特点。

一、课堂引入

1. 基于前概念

学生对高中物理新知识大多都有一定的前概念,这是学生在过往的生活和学习中获得的、头脑中业已存在的、与新知识相关的原有认识,是学生学习新知识的认知基础。教学应当顺着延续学生原有认知的方向去设计,采用温故而知新的教学方式,这样做既可以降低学习新知识的难度,又能够保持和培养学生思维的连续性。因此,作为新授教学设计的准备工作,教师先要了解学生的前概念和认知基础,确定学生的认知起点,然后再进行课堂引入环节的设计。

以"功"的教学为例,学生具备的关于功的前概念是:当一个力作用在物体上,并且物体沿着力的方向通过了一段距离,我们就说这个力对物体做了功。初中阶段关于力对物体做功问题的讨论主要涉及两个方面,一是通过举例"力的方向与物体运动的方向相垂直时力不做功"这种特殊情况向学生明示,做功与力的方向、物体运动的方向有关,至于怎样确定在力的方向上物体移动的距离并没有深入研究;二是计算力的方向与物体运动的方向一致时力对物体做了多少功。

高中教学要让学生在回忆前概念的基础上进一步深化对功的理解,将"物体沿着力的方向通过了一段距离"与物体发生的位移相联系,将研究功的视角转向"物体在力的方向上发生的位移",并能运用位移的知识分析计算各种情况下恒力所做的功。基于前概念的课堂引入环节可以这样设计:

教师提问 1:初中学过的功的概念是什么?

学生回答:当一个力作用在物体上,并且物体沿着力的方向通过了一段距离,我们就说这个力对物体做了功。

教师提问 2:功的计算式是什么?

学生回答:$W=Fs$。

教师提问 3:当重为 G 的物体从离地高度为 h 的地方掉落到地面,重力做了多少功?

学生回答:重力做功 $W=Gh$。

教师提问 4:当重为 G 的物体从倾角为 θ、长为 L 的斜面顶端滑至底端,重力做了多少功?

学生回答①:重力做功 $W=GL$。

学生回答②:不清楚。

学生回答③:重力做功 $W=GL\sin\theta$。

教师引导:初中学过的功的计算式 $W=Fs$ 中,s 是指物体沿着力的方向通过的距离,在这个情境中物体并没有沿着重力的方向运动,那么 s 该如何理解呢? 可以将 s 理解为物体在重力方向上的位置变化,也就是物体在重力方向上的分位移,其大小为 $L\sin\theta$,可得重力做功 $W=GL\sin\theta$。

学生活动:若用 θ 表示恒力 F 与物体位移 s 之间的夹角,请写出恒力 F 做功 W 的表达式。

示例中,问题 1 和问题 2 是对前概念的回顾,对于问题 3,学生根据原有认知可以顺利回答,但是对于问题4,学生的回答就出现了差异。学生回答①看起来"顺理成章",学生回答②显示出学生在纠结,学生回答③显示出学生对前概念的认知有突破,问题4可以激发学生在旧知基础上的认知冲突。教师借此机会引导学生将公式 $W=Fs$ 中的 s 理解为物体在恒力 F 方向上的位置变化,将功的计算式引向功与力、位移的关系,即达到基于前概念引入新知的目的。

再以"重力势能"的教学为例,学生具备的关于重力势能的前概念是:静止在高处的物体具有做功的本领,说明处于高处的物体具有某种潜在的能量,称为重力势能;物体质量越大,所在位置越高,它所具有的重力势能就越大;动能和势能之间可以相互转化,由于重力做功,物体的重力势能转化为动能。学生不仅具备了对重力势能的定性认知,同时也具备了对重力做功可以使重力势能转化为动能的初步认知。

高中教学要让学生在回忆前概念的基础上,引入对重力势能相对性的学习,并在此基础上得出重力势能的定量表达式。基于前概念的课堂引入环节可以这样设计:

教师提问1:什么是物体的重力势能?

学生回答:物体由于被举高而具有的势能称为重力势能。

教师提问2:物体的重力势能大小与哪些因素有关?

学生回答:物体的质量和所在位置的高低。

教师提问3:质量为 m 的物体放在地面上方 h 高处具有多大的重力势能呢?

学生回答:mgh。

教师追问:为什么?

学生回答:直觉(因为问题当中只有这两个数据可用)。

教师引导:初中学过,由于重力做功,物体的重力势能会转化为动能,那么只要知道重力对物体做了多少功,也就知道了有多少重力势能会转化为动能。假设物体从 h 高处落到地面,则重力做功为

mgh，表示物体下落过程中有 mgh 的重力势能转化为动能。

教师追问：那么我们可以说物体原来在 h 高处具有的重力势能为 mgh 吗？

学生回答：好像可以。

教师引导：此处的 mgh 只能表示物体在 h 高处的重力势能比在地面处大 mgh，所以应该说，物体相对地面具有的重力势能为 mgh，即如果设地面的重力势能为 0，那么物体在 h 高处具有的重力势能为 mgh。

示例中，问题 1 和问题 2 是对前概念的回顾，对于问题 3，学生下意识地会回答物体的重力势能为 mgh，但当教师追问原因时学生就答不上来了。教师再次从前概念出发，引导学生从重力势能转化为动能的角度来思考问题，似乎为 mgh 这个答案找到了理由。教师的再次追问就引出了关于重力势能的新知——重力势能定量表达方式的相对性。

对于类似"功""重力势能"等初中学习过的知识，高中引出新知教学相对比较容易，在学生回忆前概念的基础上，只需引导学生变换思考问题的角度，就可以激发学生的认知冲突，开展后续的新知教学。但是如果遇到全新的物理知识，学生缺乏初中学习的认知基础，是否就没有前概念可用了呢？不妨来梳理一下学生关于"电势能"的前概念，通过高一阶段的学习，学生已经建立了对重力势能和弹性势能的了解，知道地球附近的物体与地球之间有重力作用，存在由相对位置决定的重力势能，当物体与地球之间的相对位置改变时，重力做功使物体的重力势能与动能相互转化；发生弹性形变的物体各部分之间有弹力作用，存在由相对位置决定的弹性势能，当物体各部分之间的相对位置改变时，弹力做功使物体的弹性势能与动能相互转化；在前期研究电场力的性质时，已经明晰电场与电荷之间有电场力的作用。

在重力势能等前概念的基础上，"电势能"教学的课堂引入可以采用类比的方法来设计：

教师提问 1：为什么处于地球表面附近的物体具有重力势能？

学生回答：因为物体受到地球施加的重力作用会下落，增加的动能源于物体减少的某种与物体位置相关的能，这个能就是重力势能。

教师提问 2：将电荷置于电场中，电荷就会在电场力的作用下做加速运动，增加的动能从何而来呢？

学生回答：电荷增加的动能应该源于电荷在电场中具有的某种与位置相关的能，类似于重力势能。

教师引导：确实，电荷在电场中具有与所处位置相关的能叫作电势能。

教师提问 3：如何确定电荷在电场中的电势能大小呢？

学生回答：类比确定重力势能大小的方法，电荷在电场力作用下从某位置运动到零势能面的过程中，电场力对电荷做了多少功就表示电荷在该位置具有多少电势能。

如此设计课堂引入，既能让学生比较容易进入电势能的学习，又能让学生关于势能的思维活动具有良好的延续性。对于类似"电势能"等高中新建的物理知识，虽然没有直接的知识基础，但是不代表学生没有前概念，学生的前概念还包括生活经验、过往学习过的各种间接的相关知识，只是这种关联知识学生自己可能意识不到。教师要善于挖掘新知与学生过往学习之间存在的关联性，认真梳理学生的前概念，激发学生的知识储备和思维动力，让前概念在教学中尽量发挥作用。这样既可以有效降低学生学习新知的难度，同时也可以加强新旧知识之间的联系，促进学生知识的生长和结构化，促进学生学科思维的持续发展。

2. 创设好情境

兴趣是学生学习的原动力，好情境是激发学生学习兴趣的切入点。教师以研究学生的学科基础、学习心理、思维习惯等因素为基础，遵循学生的认知规律，从学生的学习逻辑出发创设情境，从有利于学生学懂弄通的角度设计并开展课堂教学活动，可以引导学生主动探究未知的世界，在良好的氛围中充满信心地积极参与学习活动，在过程中获得知识和能力的提升。

教师在选择引入的情境时经常会遇到举棋不定的情况,有的情境普通,有的情境新奇,有的情境熟悉,有的情境陌生,有的情境一目了然,有的情境暗藏玄机,该如何做出选择? 从学生的学习逻辑来看,熟而未知的真实情境对学生一般具有较大的吸引力,既有一些亲身感受又不知其中原委,可以激发学生探索未知的欲望,并为后续学习埋下伏笔,情境引入的作用能被真正发挥出来。例如"磁场对电流的作用"的引入情境,究竟是用电磁炮的情境好,还是用电扇的情境好? 我们来做一个分析比较:电磁炮的情境对学生而言比较陌生,但有新奇感,情境引入用的是电磁炮发射的视频,如果把视频里的解说隐去,学生就看不懂视频表达的意思,如果把视频里的解说播放出来,就会失去神秘感,电磁炮的秘密就暴露了,这个情境引入就失去了激发学生思考的价值。电扇的情境对学生而言非常熟悉,情境引入只需一个问题"电扇叶片为什么会转动"。这个现象普通,但是原理却不简单,学生可能回答"因为给电扇通电了",但真实原因却说不清。此时教师拆开一个小电扇向学生展示,通电后是由与叶片固定在一起的线圈带动叶片转动的。教师取出线圈周围的磁铁,再给线圈通电,结果发现线圈不转了,让学生感受到给线圈通电不是真正的原因,通电导线在磁场中受到力的作用才是关键。有条件的话可以给每组学生发一个有磁铁的和一个拆去磁铁的小电动机,让学生自己去探究电扇转动的秘密。因此,从促进学生积极参与学习活动的角度来看,笔者认为电扇的情境引入更为适切。

再来比较一下两个"电磁感应现象"的引入情境:

情境①:如图 4-1(a)所示,用导线将两个磁电式大型电流表的接线柱连接起来,拨动其中一个电表的指针,可以看到另一个电表的指针发生偏转;

情境②:如图 4-1(b)所示,将一块小磁柱放入串联有发光二极管的闭合线圈内,摇动线圈,可以看到二极管发光。

（a） （b）

图 4 - 1

两个引入情境都是没有电源的闭合回路中产生了感应电流,实验效果都很不错。情境①通常由教师演示,情境②可以由学生自己操作,从这一点来看情境②能带给学生更好的学习体验,激发学生探究的兴趣。另一方面,情境①中磁铁装在电流表内部,在整个内部构造中虽然还算明显,但学生很难察觉到是磁场在其中发挥了作用;通过情境②学生很容易察觉到,如果没有磁柱,二极管不会发光,如果磁柱不动,二极管也不会发光,能够真切地感受到电磁感应现象的发生与磁场的存在以及变化有关系。综合来看,情境②是更为适切的引入情境。

二、探究活动

新知识的学习对学生而言具有一定的难度,相比单纯用语言传授知识的教学方式,让学生在探究活动中经历丰富的思维活动而获得知识,更符合学生从具象到抽象的学习逻辑,这样不仅能降低学生理解知识的难度,而且能更好地激发学生积极参与课堂教学,更具教学价值。有不少教师觉得在课堂上开展探究活动比较费时间,会影响教学进度,所以常常把可以探究的问题变为自问自答的问题,把可以探究的实验变为验证性实验,这样的做法既不利于培养学生的科学思维和科学探究能力,也不利于培养学生的科学精神和科学态度。

高中物理教学中的探究活动可以分为理论探究和实验探究两种

类型。

1. 理论探究

理论探究的过程就是逻辑推理的过程,能够较好地培养学生的科学思维能力。对于那些基础知识储备充足的新知识学习,适合采用理论探究的方式开展教学,例如动能定理、机械能守恒定律、动量定理、动量守恒定律、闭合电路欧姆定律等。理论探究教学也要选择合适的、相对比较简单的情境,尽量不涉及与讨论问题没有直接关联的内容,使学生容易上手,能够抓住关键因素展开讨论。但同时也要注意选择的问题情境应具有代表性和普遍性,否则探究结果的适用范围过于狭窄,价值有限。

以推导动能定理为例,教师对以下三个情境进行了分析比较,选出最合适的一个作为教学素材。

情境①:置于光滑水平面上质量为 m 的物块,在水平恒力 F 的推动下,从静止开始向前运动了距离 s 后速度变为 v,请运用已有知识推理得出以上各物理量之间的定量关系。

情境②:置于水平面上质量为 m 的物块,在水平恒力 F 的推动下,以初速度 v_1 向前运动了距离 s 后速度变为 v_2,物块与水平面间的动摩擦因数为 μ,请运用已有知识推理得出以上各物理量之间的定量关系。

情境③:置于倾角为 θ 的斜面上质量为 m 的物块,在水平推力 F 的作用下,以初速度 v_1 向上运动了距离 s 后速度变为 v_2,物块与斜面间的动摩擦因数为 μ,请运用已有知识推理得出以上各物理量之间的定量关系。

分析比较上述情境的适切性可知,情境①非常简单,物块在运动方向上只受水平恒力 F 的作用,运用牛顿第二定律可以推出物块的加速度 $a = \dfrac{F}{m}$ 是定值,接着运用初速度为零的匀变速直线运动规律 $v^2 = 2as$ 推理得出 $Fs = \dfrac{mv^2}{2}$,但这并不是动能定理的一般表达式,不具有普遍性;情境②在情境①的基础上,既给物块设定了初速度,又增加了一个滑动摩擦力,如此物块在运动方向上受到的合力就是 $F_合=$ $F-\mu mg$,运用 $a=\dfrac{F_合}{m}$ 和 $v_2^2-v_1^2=2as$ 推理得出 $(F-\mu mg)s=\dfrac{mv_2^2}{2}-\dfrac{mv_1^2}{2}$,这是具有普遍意义的动能定理表达式 $W_合=\dfrac{mv_2^2}{2}-\dfrac{mv_1^2}{2}$;情境 ③与情境②的功能基本相同,但是在受力分析、推导加速度的环节上更为复杂,对牛顿第二定律运用能力不强的学生而言,可能就会卡在推导加速度的环节上,使得后续的推导过程无法进行下去,因此情境 ③安排在推导得出动能定理基本表达式之后,作为进一步拓展应用更为妥当。通过以上比较可知,情境②作为理论推导动能定理的情境最为合适,能够让学生较为顺畅地从条件入手,运用已有的基础知识作出合理的推导,也避免了在新知识的建构过程中因受到不必要的干扰而增加认知难度。

2. 实验探究

相较于理论探究,实验探究似乎更受大部分学生欢迎,因为它的起点相对较低,过程生动丰富,更加符合高中学生的学习逻辑。实验探究在高中物理学习中运用广泛,有两种常见的形式。一种是实验教学中的大探究,其作用是让学生经历一个较为完整的科学探究活动,从现象出发,通过简单的分析和推测先作出猜想和假设,然后通过设计实验方案、获取实验数据、分析数据,最终得出结论。例如:探究弹簧弹力与形变量的关系,探究两个互成角度的力的合成规律,探究加速度与物体受力、物体质量的关系,探究平抛运动的特点,探究向心力大小与半径、角速度、质量的关系,探究影响感应电流方向的因素,探究变压器原、副线圈电压与匝数的关系,探究等温情况下一定质量气体压强与体积的关系。还有一种是穿插在新授教学中的小探究,其作用是让学生经历一个相对比较简单的探究过程,体会其中蕴含的某种特征或规律,从而引出一个概念或是得出一个结论。

新授教学中的实验探究要选择比较有趣、难度不太大、学生容易参与的活动内容,吸引学生积极参与;要提供尽可能丰富的实验器材;要布置指向性明确的探究任务;要有探究后的交流总结。例如,在"探究做圆周运动的物体如何获得向心力"的活动中,教师为学生提供了一些生活中常见的实验器材(如带细线的橡皮塞、小球、带转动轴的转盘、硬纸带、圆锥形纸杯、胶带、剪刀等),要求学生分组完成探究任务:①利用给出的器材,创设使橡皮塞或小球做圆周运动的情景;②对创设的做圆周运动的物体进行受力分析;③观察描绘圆周运动的轨迹,确定圆心的位置;④判断由什么力提供向心力。学生觉得这是一个很有意思的活动,容易上手,在享受活动乐趣的过程中,主动思考和摸索如何完成任务,即便不成功也不泄气,改进一下设计或者换一种方式,最后都能完成探究任务。图4-2是学生设计的几种实验情景示意图。通过实验探究和互相交流,学生建立了对做圆周运动物体受力情况的直观感受,并归纳得出结论:物体所受合外力的一个指向圆心方向的分力提供了物体做圆周运动所需的向心力,而向心力不是一个实际存在的力。

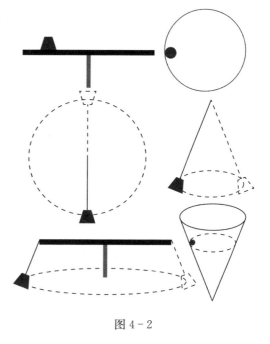

图4-2

理论探究和实验探究都是很重要的物理研究方法。理论探究需要比较扎实的知识基础和推理能力,而实验探究则比较感性直接,容易上手,但往往受到实验条件的限制,难以得到较为精准的结论。因此,对于一些学生不太熟悉的未知现象,由于缺乏相关知识基础的支撑,就较为适合从实验探究入手,在建立了一些对现象的基本认知之后,再运用理论探究的方式做进一步深入研究,往往能取得不错的学习效果。

例如,在"电场强度"课时教学中,教师设计了先实验探究后理论探究的方式开展教学活动。由于学生对电场比较陌生,对电荷在电场中受力的情景也不熟悉,于是设计了活动"观察图 4-3 中带电轻质小球在电场中某位置的受力情况,寻找定量描述电场强弱的物理量"。通过实验探究得到初步结论:试探电荷离开电场中心越远,受到的静电力越小;试探电荷在离开电场中心距离相同的不同位置,受到的静电力方向不同;置于电场中某一位置的试探电荷的电荷量越大,其受到的静

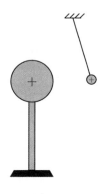

图 4-3

电力越大。通过这种半定量的实验探究,学生对电场中各处力的强弱和方向分布特点,以及试探电荷受到的静电力 F 与其电荷量 q 之间的变化关系建立了初步的认识。如果要通过实验进一步定量研究 F 与 q 的关系,就必须测量试探电荷的电荷量 q 和它在电场中受到的静电力 F,但是 F 与 q 的测量都很困难,实验难度高,于是后续进行理论探究。通过假设推理得到结论:试探电荷在电场中某点受到的静电力 F 与试探电荷的电荷量 q 成正比,用 F 与 q 的比值可以反映电场中该点的电场强弱程度,由此建立了电场强度的概念。然后结合库仑定律推导得出点电荷电场的电场强度表达式,进一步证实电场强度与试探电荷无关,仅由场源电荷、电场中的位置等电场自身因素决定,描述了电场本身力的性质。这种以初步的实验探究做铺垫,再通过理论探究形成认知的过程有梯度,可以降低学生理解抽象知识的难度,让物理学习变得轻松一点。

三、认识新知

认识新知主要包含全面认识知识和学习应用知识两个方面。

1. 全面认识知识

在学生学习新知识的过程中,要让学生对新知识建立起比较全面的、充分的认识,理解新知识的内在逻辑,将其纳入自身的认知结

构,否则容易使学生应用知识解决问题时产生障碍,出现不会用、错用等问题。知识的内在逻辑主要包含:一是知识的溯源,即知识的建立过程;二是知识的内涵,即知识的本质特征;三是知识的外延,即知识的具体范围。

譬如"单摆"是到高中才出现的新知识,怎样建立全面认识呢? 一是要使学生知道单摆模型是怎样建构的。首先要让学生对"摆"有直观的感知,通过实物、图片、视频等方式让学生看到、想起生活中各种各样物体摆动的情境,意识到各种物体摆动的快慢可能与自身的结构有关。然后再给学生布一个"迷阵",用轻质材料制作两个摆,它们的正面相同,如图 4 - 4(a)所示。将它们悬挂在同一根金属杆上,并使它们从相同位置同时开始摆动,如图(b)所示,结果学生看到两个摆摆动的快慢不一样。在学生感到困惑之际,教师揭露秘密:向学生展示摆的背面,如图(c)所示,一个摆的背面靠近底部的地方固定了两个 20 g 的砝码片,另一个摆的背面中间和靠近底部的地方各固定了一个 20 g 的砝码片。至此,学生清楚地认识到摆的质量分布是决定其自身结构的重要因素,也是影响摆的摆动快慢的关键因素,若要研究实际物体的摆动必须从物体质量分布的特点出发,建构相应的物理模型。最后,教师顺势引导学生理解,针对眼前的两个摆,可以建构两种不同的摆动模型——单摆和复摆,其中单摆模型是高中物理常用的研究对象。整个过程较为符合引导学生自主建构物理模型的教学逻辑。

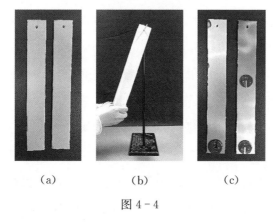

（a）　　　　（b）　　　　（c）

图 4 - 4

第四章

高中物理教学设计之举

105

二是要让学生理解单摆模型的本质特征。引导学生明确单摆是一种物体模型，而不是运动模型；知道单摆模型的结构特点，摆线的长度远大于摆球的线度且质量远小于摆球的质量，只有这样才能将摆球的运动视为质点的运动。要让学生理解单摆在运动过程中的受力特征是忽略空气阻力，由重力沿轨迹的切向分力提供回复力，而不是合外力。要让学生理解单摆的运动性质属于振动，符合振动的基本运动特征；5°以内的单摆运动是简谐运动，符合简谐运动的规律。

三是要使学生知道实际物体被视为单摆模型的条件是，摆动结构可视为一个相对悬点运动的质点；明确周期公式 $T=2\pi\sqrt{\dfrac{l}{g}}$ 是摆角在5°以内的运动规律，表明单摆做小角度摆动时的快慢与振幅无关，具有等时性。

再如"功""重力势能"等初中已出现过的概念，建立全面认识就是指进一步深入理解知识的内涵和外延。高中物理中"功"的内涵很丰富：功是作用在物体上的力对物体运动产生的空间效应，力对物体是否做功取决于力的作用点是否在力的方向上有相对地面的位移 s；计算式 $W_F=Fs\cos\theta$ 中的 θ 表示矢量 F 与矢量 s 的夹角，可以理解为力乘以物体在力的方向上的分位移即 $F(s\cos\theta)$，也可以理解为沿物体位移方向的分力乘以位移即 $(F\cos\theta)s$，两者是等价的；计算时可以根据实际情况自由选择分解位移 s 还是分解力 F，计算重力做功的时候我们习惯于分解位移，计算物体在水平面上运动时各种力做的功我们习惯于分解力；功是标量，有正负之分，表示力做功的效果，正值表示动力做功，负值表示阻力做功，多个力对物体做功的效果可以累加，效果相同则加强，效果相反则减弱。功的计算式 $W_F=Fs\cos\theta$ 的适用范围仅限于计算恒力所做的功；一切恒力所做的功只与物体的始末位置有关，而与具体路径无关；变力做功可以将 $W_F=Fs\cos\theta$ 与微元法结合起来，运用关系式 $\Delta W_F=F\Delta s\cos\theta$ 进行讨论。

为了真正落实认识功的新知，帮助学生理解功的内在逻辑，可以设计以下问题组织学生讨论：

问题 1：在人匀速走上楼的过程中，楼梯是否对人做了功？人在加速奔跑过程中，地面是否对人做了功？

教学功能：帮助学生理解"力对物体是否做功取决于力的作用点是否在力的方向上有相对地面的位移"。人走上楼和奔跑时，虽然楼梯对人脚有支持力、地面对人脚有支持力和静摩擦力，但是当人脚相对地面产生位移时，这个支持力和静摩擦力就消失了，所以不符合做功的逻辑，楼梯和地面对人都不做功。

问题 2：一质量为 m 的小物块，在从长为 L 的木板左端滑到右端的过程中，木板向右移动了距离 x。若小物块与木板之间的动摩擦因素为 μ，问在此过程中木板对小物块做了多少功？

教学功能：依然是帮助学生理解"力对物体是否做功取决于力的作用点是否在力的方向上有相对地面的位移"，但是侧重点在"相对地面的位移"上。小物块相对木板发生的位移是 L，相对地面发生的位移是 $L+x$，所以在此过程中木板对小物块做的功等于 $-\mu mg(L+x)$。

问题 3：如图 4-5 所示，质量为 m 的小球从离地高度为 h 的 A 点，沿不同路径运动到地面上的 B、C、D 点，请比较重力对小球做功的大小，并说明理由。

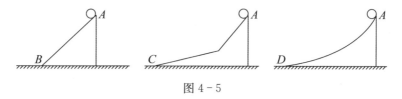

图 4-5

教学功能：帮助学生理解"恒力做功只与物体的始末位置有关，而与具体路径无关"。运用分段分析、微元分析、累积求功的方法，得到重力做功与小球的运动轨迹无关的结论。

高中物理中"重力势能"的内涵也很丰富：重力势能是用来描述处于某高度的物体相对参考平面具备多少做功本领的物理量；定量表达式 $E_p = mgh$ 中的 h 是指物体相对参考平面即零势能面的高度，若物体处于零势能面以上,则 h 为正值,相对应的重力势能也为正值,表示相对参考平面具备主动做功的能力;若物体处于零势能面以下,则 h 为负值,相对应的重力势能也为负值,表示相对参考平面亏欠了多少做功的能力;重力势能是物体与地球共有的能量,由于物体与地球之间存在相互作用的重力 $mg = \dfrac{GMm}{r^2}$, M 是地球的质量, m 是物体的质量, r 是物体与地心间的距离,显而易见重力势能与物体、地球同时相关,只不过我们习惯于站在地球上讨论物体,所以将物体和地球共有的重力势能称为物体的重力势能;重力势能的表达式 $E_\mathrm{p} = mgh$ 只适用于表示地球表面附近物体的重力势能,此时可将 g 视为常量。

对学生而言,全面认识新知既是学习目标,也是学习要求,是形成正确的知识逻辑和完整的学科知识结构的基础。对教师而言,必须首先确保自己对学科知识有全面深刻的认识,才能准确把握蕴含在知识中的学科逻辑,做好教学逻辑设计,助力学生全面认识新知。

2. 学习应用知识

在新授教学中,指导学生学习应用知识解决问题是加强认识新知的重要环节。通过学习应用知识,学生可以进一步深入理解知识的内涵和外延,在真实的情境中、在变换的情境中体会知识的本质和意义。教师指导学生学习应用知识的方式通常有:对呼应课堂引入的情境进行解释,开展知识应用的专题教学。

从教学逻辑的角度来看,对呼应课堂引入的情境进行解释,这种方式有着独特的教学效果,对学生参与课堂教学有正向的激励作用。教师若经常采用这种教学方式,就能促进学生养成重视课堂引入、主动观察思考、在学习过程中积极寻找答案的良好课堂学习习惯。

例如,在"研究气体等温变化"的新授教学中,教师使用小实验作为课堂引入。如图 4 - 6 所示,在玻璃圆筒中装入大半筒水,其中倒置放入一个试管,试管内留

图 4 - 6

有部分水,使试管底部浮出水面一些;在玻璃圆筒顶部套上一层紧绷的橡皮膜,将圆筒封闭起来;用力挤压橡皮膜,就会看到试管下沉一点,放手后试管又回到原来的位置。实验激发了学生的兴趣,教师随即告诉学生学完本节课就可以解释其中的原因了,使学生对学习内容充满期待。在完成气体等温变化教学之后,教师就呼应引入情境中试管下沉和上浮的实验现象,引导学生运用规律来解释原因,体会分析问题的要点:研究对象是哪部分密闭气体;研究对象的温度是否保持不变;运用规律分析气体的体积、压强变化情况;涉及物体的运动问题需要结合其他条件进行综合分析。具体分析是:挤压橡皮膜会使玻璃圆筒水面上方的密闭气体体积减小,因此就以这部分密闭气体为研究对象;在挤压橡皮膜的过程中,密闭气体满足温度不变的条件,所以密闭气体的压强会增大;增大的压强向水中各个方向传递,使进入试管内的水增多,试管内气体排开水的体积减小,浮力减小,所以试管会下沉一点,重新达到平衡;放手后,玻璃圆筒水面上方的密闭气体体积增大,压强减小,并向水中各个方向传递,使试管内的水被排出一些,试管内气体排开水的体积增大,浮力增大,所以试管上浮,恢复原位。在此基础上,教师还可以变换情境激发学生进一步思考,例如当挤压橡皮膜的程度较大时,试管底部没入水中后会发生什么现象……

开展知识应用的专题教学对培养学生运用物理规律解决问题的能力至关重要,设置问题情境和引导应用思路是应用专题教学的两个关键要素。

设置问题情境应当遵循从简单到复杂的原则,教学设计一定要从简单情境开始逐步深入,不宜选择多点结构的复杂情境作为切入点。复杂情境会使学生产生畏惧心理,不利于建立对学习活动的兴趣和信心。只有遵从学生学习的心理逻辑,有策略地为学生搭建好从简单到复杂的情境阶梯,才能有效引导学生紧跟教学节奏,逐步掌握运用知识解决问题的方法。

以牛顿运动定律应用的专题教学为例,备课时教师准备了以下问题情境,并对情境特点进行了梳理:

情境①:一质量 $m=46$ kg 的木箱置于水平地面上,木箱与地面间的动摩擦因数 $\mu=0.2$。现用一个与水平方向成 37° 角的力 F 拉木箱,使木箱在地面上由静止开始运动,经 5 s 后速度变为 25 m/s,求拉力 F 的大小。

情境特点:物体在复杂力作用下、在水平面上的单一匀变速直线运动过程,已知物体的运动情况,求物体受到的力。

情境②:一质量 $m=10$ kg 的木箱置于水平地面上,木箱与地面间的动摩擦因数 $\mu=0.3$。现用一个与水平方向成 30° 角斜向右、大小为 200 N 的力 F 推木箱,使木块由静止开始运动。求木箱的加速度以及经过 0.5 s 后的速度。

情境特点:物体在复杂力作用下、在水平面上的单一匀变速直线运动过程,已知物体的受力情况,求物体的运动情况。

情境③:一个质量为 2 kg 的木块放在水平地面上,它受到一个大小为 10 N、与水平方向成 37° 角的推力 F 作用,由静止开始运动,2 s 后撤去推力 F。若木块与地面间的动摩擦因数为 0.2,求木块的总位移大小。

情境特点:物体在复杂力作用下、在水平面上的两个匀变速直线运动过程,已知物体的受力情况,求物体的运动情况。

情境④:一米尺(长 1 m)的质量 $m=0.2$ kg,垂直于桌边放置,其一端恰在桌边,它与桌面间的动摩擦因数 $\mu=0.2$。现用一大小为 1.2 N、方向垂直于桌边的水平力 F 在桌边的一端拉米尺,问力 F 至少作用多长时间米尺才会翻落?

情境特点:物体在简单力作用下、在水平面上的两个匀变速直线运动过程,但第二个过程比较隐蔽,容易被学生误认为是单一匀变速直线运动过程,已知物体的受力情况,判断物体的运动情况。

情境⑤:如图 4-7 所示,置于斜面上的小木块在沿斜面向上的恒

定外力 F 作用下,从 A 点由静止开始做匀加速直线运动,前进 0.45 m 后到达 B 点。此时立即撤去外力 F,此后小木块又前进 0.15 m 到达 C 点,速度变为零。已知木块与斜面间的动摩擦因数 $\mu=0.3$,木块质量 $m=1\text{ kg}$,$g=$

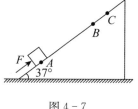

图 4-7

10 m/s^2。求:(1)木块在 AB 段所受外力 F 的大小;(2)木块再次通过 A 点时的速度。

情境特点:物体在复杂力作用下、在斜面上的三个匀变速直线运动过程,已知物体的部分运动情况,求物体受到的力和后续的运动情况,须关注物体受力的变化。

情境⑥:一质量为 4 kg 的气球,下面用细绳挂一个质量为 1 kg 的重物,气球从地面以 5 m/s 的速度匀速竖直上升,当上升到第 12 s 末时悬挂重物的细绳突然断裂。若不计空气对重物的阻力,气球所受的浮力始终保持不变,问:当重物落地时,气球离地高度为多大?

情境特点:从两个物体的受力分析入手,寻找两个物体的运动关联。

情境⑦:物体 A 和 B 之间用长 $l=1\text{ m}$ 的绳拴着放在水平桌面上,在水平拉力 F 作用下以 6 m/s 的速度做匀速运动,A 的质量是 B 的两倍,它们与地面间的动摩擦因数相同。某时刻绳突然断裂,经 2 s 后 A 停下,求 2 s 末 B 的速度。

情境特点:从两个物体的受力分析入手,寻找两个物体的运动关联。

应该如何选用合适的问题情境来设计专题教学呢? 以上情境涉及物体沿竖直方向的运动、在水平面上的运动、在斜面上的运动、单一过程的匀变速直线运动、多个过程的匀变速直线运动、变加速直线运动,这些都是物理教学中常见的问题情境。这些情境有相同点,也有不同点,情境特点相似的在细节上也有差异,因此选择的依据是学生的学习逻辑。通常遵循从简单到复杂的原则,选择从单一过程的匀变速直线运动情境入手。例如,情境①和②作为入门级的问题情境比较合适;情境③或④可以作为第二层级的问题情境,用来学习多个过程的匀变速直线运动的分析方法。相比之下，情境④比情境③复杂，需要学生从题意中分析出两个隐含条件，一是米尺中点运动到桌边就会翻倒，二是米尺先要经历有拉力 F 的匀加速过程再经历没有拉力的匀减速过程滑行至中点恰好到达桌边，想不到的学生会将整个运动过程当作拉力一直存在的匀加速直线运动来分析。因此情境③适合思维能力较弱的学生，情境④适合思维能力较强的学生。鉴于情境③和④都是先分析物体受力再推断物体运动情况的问题情境，回溯情境①和②的选择，就应该选择情境①舍弃情境②，展现先分析物体运动再推断物体受力的分析思路，这样与后续的情境③和④分析思路不重复。在情境⑤中，物体运动的复杂程度增加了，受力分析的难度也提高了。将情境⑤作为第三层级的问题情境，既能检验学生对前面学习的分析方法的掌握程度，又能使学生的思维能力再上一个台阶，这样的问题情境需要教师引导学生一步一步走来才不会觉得难以入手，才不会失去学习的兴趣和探索的动力。情境⑥和⑦的问题情境都是关于两个物体从整体到分离的受力情况和运动情况分析，需要变换研究对象进行分析，涉及的知识点更多，与前面 5 个问题情境相比，思维的要求和难度又有所增加，因此建议作为第四层级的问题情境进行教学。

在教师的引导下，学生经历四个层级的问题讨论，可以形成定量分析恒力作用下动力学问题的基本思路：①根据问题情境，将物体受力情况不同的过程进行分段切割；②对物体各段运动过程进行受力分析和运动情况分析；③运用牛顿定律建立力与加速度的关系，运用匀变速直线运动规律建立位移、速度、加速度与时间的关系，两段相邻运动分界点的速度是连接前后两段运动的纽带；④情境中有多个研究对象时，应先分开分析各自的受力情况和运动情况，再寻找对象之间的联系，切不可张冠李戴。

通过学习应用知识，学生不仅巩固理解了新知识，而且在分析解决问题的过程中发展了逻辑思维能力，使新授教学效果更佳。

四、案例列举——"万有引力定律"

1. 课时教学逻辑结构图

"万有引力定律"的课时教学逻辑结构图见图 4-8。

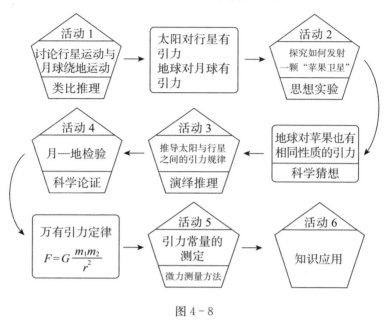

图 4-8

2. 教学逻辑要点注释

活动 1：回顾开普勒第一定律对行星绕太阳运动的轨迹描述，分析行星受力特点；联想月球绕地球的运动情况，分析月球的受力特点。

引导学生类比行星绕太阳的运动和月球绕地球的运动，得出太阳对行星有引力、地球对月球有引力，两者应属于同种性质的力。

活动 2：探究如何在地球上发射一颗绕地球做圆周运动的"苹果卫星"。

引导学生经历牛顿的思想实验过程，猜想地球对苹果的引力和地球对月球的引力属于同种性质的力。

活动 3：运用圆周运动规律、开普勒第三定律和牛顿第三定律，理论推导行星与太阳之间的引力规律。

引导学生经历严谨的逻辑推理过程,体会物理规律之间的关联性。

活动 4:月—地检验,论证地面物体所受地球的引力、月球所受地球的引力,与太阳、行星间的引力一样,都遵从相同的规律即万有引力定律。

引导学生经历假设推理的过程,体会科学论证的方法,感受物理规律的普适性和统一性观念在科学认识中的重要意义。

活动 5:了解利用卡文迪什扭秤如何测定引力常量。

引导学生理解卡文迪什扭秤的测量原理,体会微小量的测量方法——放大法,体会引力常量测定的重要意义。

活动 6:知识应用。

引导学生运用万有引力定律解决实际问题,加深对万有引力及其规律的理解。

3. 教学流程及说明

该课时的教学流程见表 4-1。

循规施策

高中物理课堂教与学的设计

表 4-1

教学活动	主要内容	设计策略
活动 1	教师提问:开普勒第一定律是如何描述行星绕太阳运动轨迹的? 学生回答:行星在椭圆轨道上绕太阳运行,太阳位于椭圆的一个焦点上。 教师分析:若将行星运动的轨道近似地视为圆轨道,那么太阳就处于圆心的位置,太阳对行星的作用力提供行星运动所需要的向心力,向心力应始终指向圆心即太阳,就是太阳对行星的引力。 现在将目光从行星绕太阳的运动转移到月球绕地球的运动上。 教师提问:月球绕地球的运动也是圆周运动,所需的向心力由什么力提供呢? 学生回答:由地球对月球的引力提供向心力。 那么,太阳对行星有引力、地球对月球有引力,两者应属于同种性质的力。	基于前概念引入新课教学 语言过渡,转换研究对象

教学活动	主要内容	设计策略
活动2	地球对月球有引力,地球对地面附近的物体也有作用力,我们随时可以观察到物体在重力作用下下落的现象,譬如牛顿观察到苹果从树上落到地面上。 　　教师提问:那么我们有没有可能发射一颗"苹果卫星"呢? 让这颗苹果像月球一样绕地球做圆周运动。 　　学生回答:物体做圆周运动的速度沿切线方向,我们只要给苹果一个平行于地球表面的水平初速度v_0就行了。 　　教师演示:水平抛出一只苹果(道具),越抛越远。 　　牛顿的思想实验: 　　苹果以越来越大的初速度水平抛出,落地点会越来越远。(事实) 　　若苹果以足够大的速度水平抛出,就可以绕过地球表面的大部分圆周,甚至永远不会落回地面而绕地球做圆周运动。(推理) 　　猜想:地球对苹果的引力和地球对月球的引力属于同种性质的力,方向沿着地球与苹果或月球的连线指向地球中心;太阳对行星的引力也属于同种性质的力。	语言过渡,转换研究对象 问题激发学生的发散思维 探究中领悟地球上物体在地球引力作用下的运动规律
活动3	开普勒定律已经精确描述了行星绕太阳的运动规律,那我们就先从太阳对行星的引力作用与行星的运动关系开始研究吧! **拓展视野** 　　许多大行星的椭圆轨道非常接近圆轨道。设太阳的质量为m_1,行星的质量为m_2,行星公转的轨道半径为r、周期为T,太阳对行星的引力大小为F。行星公转运动的线速度大小为$v=\dfrac{2\pi r}{T}$。 　　由于F提供了行星做太阳圆周运动的向心力,则$F=m_2\dfrac{v^2}{r}=m_2\dfrac{4\pi^2 r}{T^2}$。 　　由开普勒第三定律可知,$T^2\propto r^3$,则$F\propto\dfrac{m_2}{r^2}$。 　　根据牛顿第三定律,太阳受到行星的引力大小$F'=F$。也就是说,在引力的存在与性质上,行星和太阳的地位完全相当,因此,既然$F\propto\dfrac{m_2}{r^2}$,必有$F'\propto\dfrac{m_1}{r^2}$。 　　所以,$F\propto\dfrac{m_1 m_2}{r^2}$。 　　$F\propto\dfrac{m_1 m_2}{r^2}$,就是太阳与行星之间的引力规律。	语言过渡,聚焦关键问题 理论探究引力规律的得出过程

教学活动	主要内容	设计策略
活动 4	有了太阳与行星之间的引力规律，就可以来检验一下地球与月球之间、地球与苹果之间的引力是否也满足同样的规律。 月—地检验： 假设地球与月球间的作用力和太阳与行星间的作用力是同一种性质的力，则有 $F_{地月} \propto \dfrac{m_{地}\, m_{月}}{r_{地月}^2}$。 根据牛顿第二定律，月球绕地球做圆周运动的向心加速度 $a_月 \propto \dfrac{m_{地}}{r_{地月}^2}$（式中 $m_地$ 是地球质量，$r_{地月}$ 是地球中心与月球中心的距离）。 进一步假设地球对苹果的吸引力也是同一种性质的力，同理可知，苹果的自由落体加速度 $a_苹 \propto \dfrac{m_{地}}{R^2}$（式中 $m_地$ 是地球质量，R 是地球中心与苹果间的距离即地球半径）。 由以上两式可得 $\dfrac{a_月}{a_苹} = \dfrac{R^2}{r_{地月}^2}$。 由于月球与地球中心的距离 $r_{地月}$ 约为地球半径 R 的 60 倍，所以 $\dfrac{a_月}{a_苹} = \dfrac{1}{60^2}$。代入 $a_苹 = g = 9.8\ \text{m/s}^2$，可得：$a_月 \approx 0.0027\ \text{m/s}^2$。 再根据月球绕地球做匀速圆周运动的向心加速度可知，$a_月 = \dfrac{4\pi^2}{T_月^2} r_{地月}$，代入当时已经测得的数据 $r_{地月} = 3.84 \times 10^8\ \text{m}$，$T_月 = 27.3\ \text{d} \approx 2.36 \times 10^6\ \text{s}$，可得 $a_月 \approx 0.0027\ \text{m/s}^2$。 结论：地球与月球之间、地球与苹果之间的引力也满足太阳与行星之间的引力规律。这种引力作用普遍存在于所有物体之间，故称为万有引力。 之前推导得到的太阳与行星之间的引力规律就被称为万有引力定律：$F \propto \dfrac{m_1 m_2}{r^2}$。	语言过渡，转换研究对象 理论论证引力规律的普适性，认识万有引力的内涵

循规施策

高中物理课堂教与学的设计

教学活动	主要内容	设计策略
活动 5	教师提问：万有引力定律中的比例系数用 G 来表示，称为引力常量，引力常量有单位吗？ 学生活动：用量纲推导引力常量 G 的单位。 引力常量 G 的数值又是如何来测定的呢？介绍卡文迪什扭秤实验，重点体会测量微小量的"放大法"： 石英丝 利用平面镜反射光线，使得石英丝的扭转角度被放大；将石英丝的扭转角度，转换为刻度尺上光点的移动，再次放大变化。 教师提问：卡文迪什扭秤实验有什么意义？ 学生回答：验证了万有引力定律，测出了引力常量，使万有引力定律有了真正的应用。	全面认识万有引力定律
活动 6	教师提问：万有引力定律的适用条件是什么？ 学生回答：两个物体可视为质点。 知识应用： 已知地球质量 $m_地=5.97×10^{24}$ kg，地球半径 $r_地=6.37×10^6$ m，$G=6.67×10^{-11}$ N·m²/kg²。请利用万有引力定律分别计算并比较：地球对地球表面 1 kg 的物体的万有引力大小、地球表面两个相距 1 m 的均为 1 kg 的物体之间的万有引力大小，说说你的看法。 $F_{地物}=G\dfrac{m_地 m_物}{r_地^2}=\dfrac{6.67×10^{-11}×5.97×10^{24}×1}{(6.37×10^6)^2}$ N= 9.81 N $F_{物物}=G\dfrac{m_物 m_物}{r_{物物}^2}=\dfrac{6.67×10^{-11}×1×1}{1^2}$ N=6.67× 10^{-11} N 所以 $F_{地物}$ 远大于 $F_{物物}$。 结论：万有引力在两个大质量物体之间（或一方是大质量物体）有显著效应，两个小质量物体之间的万有引力通常可以忽略不计。	全面认识万有引力定律 学习应用规律，认识规律的应用范围

第四章 高中物理教学设计之举

习题教学的逻辑特点是侧重运用物理知识解决问题的思维逻辑,针对学生运用知识解决问题过程中产生的错误进行剖析,引导学生建立正确的思维路径,获得有效的思维方法,并通过变式等方式使正确的思维路径得以强化,思维能力得以提升。

一、纠正错答

学生完成习题时产生的错误解答,反映了教学中的不足之处,反映了学生的思维障碍,是教师必须重视和利用的生成性素材。通过指导学生一起纠正错误认识,可以帮助学生加深对知识的思考和理解,在建立正确解题思路和方法的同时,使学科思维能力得到提升。

1. 发现典型错误

教师要善于从学生的作业练习中发现学生的错误思维,对其中具有典型性的错误进行课堂讲解,为回答错误的学生释疑解惑,为回答正确的学生提供发现他人错误的机会,进行深度思考,培养辨析能力。找出学生思维的典型错误是纠正错答的第一步,比如下面两种常见的典型错误。

示例 1:当汽车以 $v_1 = 10$ m/s 的速度在平直公路上行驶时,司机突然发现正前方有一辆自行车以 $v_2 = 4$ m/s 的速度做同方向的匀速直线运动,立即关闭油门,汽车做加速度大小为 $a = 0.6$ m/s^2 的匀减速运动,汽车恰好没有撞上自行车,求关闭油门时汽车与自行车之间的距离。

学生的典型错解:

关闭油门后汽车滑行的时间为:$t = \dfrac{0 - v_1}{a} = \dfrac{-10}{-0.6}$ s $= \dfrac{50}{3}$ s

滑行距离为：$x_1 = \dfrac{0-v_1^2}{2a} = \dfrac{-10^2}{2\times(-0.6)}$ m $= \dfrac{250}{3}$ m

在相同时间内，自行车行进的距离为：$x_2 = v_2 t = 4\times\dfrac{50}{3}$ m $= \dfrac{200}{3}$ m

则关闭油门时汽车与自行车之间的距离为：$\Delta x = x_1 - x_2 = \left(\dfrac{250}{3}-\dfrac{200}{3}\right)$ m $= \dfrac{50}{3}$ m。

示例 2：如图 4-9 所示，一端封闭、长 1 m 的均匀玻璃管水平放置，用一段长为 $l = 15$ cm 的水银柱封闭了一段长为 $l_A = 40$ cm 的空气柱 A。现将玻璃管缓慢地转到竖直位置，开口端向下并插入水银槽中，直到玻璃管中空气柱的长度变为 $l'_A = 37.5$ cm 为止，求此时进入玻璃管中的水银柱长度 h 的大小。（已知当时的大气压强 $p_0 = 75$ cmHg，气体的温度保持不变）

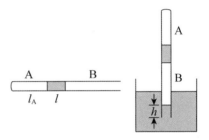

图 4-9

学生的典型错解：

A 部分密闭气体的初状态：$p_A = p_0 = 75$ cmHg，$l_A = 40$ cm

末状态：p'_A 未知，$l'_A = 37.5$ cm

由 $p_A V_A = p'_A V'_A$ 可得：$p'_A = \dfrac{p_A l_A}{l'_A} = \dfrac{75\times 40}{37.5}$ cmHg $= 80$ cmHg

B 部分密闭气体的初状态：$p_B = p_0 = 75$ cmHg，$l_B = (100-40-15)$ cm $= 45$ cm

末状态：$p'_B = p'_A + 15$ cmHg，l'_B 未知

由 $p_B V_B = p'_B V'_B$ 可得：$l'_B = \dfrac{p_B l_B}{p'_B} = \dfrac{75\times 45}{80+15}$ cm ≈ 35.5 cm

则最后进入玻璃管中的水银柱长度 $h = (100-37.5-15-35.5)$ cm $= 12$ cm。

2. 确立正确解答

教师将学生的典型错误展示出来后，不要急于指出错误，给学生留出一些思考的时间，看看有多少学生能发现错误。有些做错的学生会在重新审视问题时发现错误，因为在用批判的眼光看待问题时，人的思维往往会变清晰，相比教师直接指出错误，这样的效果更好。在学生作出评判的基础上，教师再进行全面的分析讲评，点出错误原因，厘清解题思路，展示正确解法，给学生留下全面深刻的印象。

譬如示例 1 中学生所犯的错误可能是：审题不仔细，没有关注到"恰好"二字；不理解"恰好没有撞上"的意思，以为就是一般的相遇问题。教师一方面要帮助学生巩固分析相遇问题的思路，另一方面要着重对恰好相遇（或不相遇）所对应的物理条件进行分析、强化。解决相遇问题的基本思路是两运动物体在某个时刻处于相同位置，运动时间通常相等，所以找到两运动物体在相同时间内通过的位移关系就可以解决问题。示例中典型错解的基本思路是对的，但是学生对相遇时两物体速度关系的认识不到位，所以未能品味出题干中"恰好"二字的物理意义。对于相遇问题，教师最好指导学生从 v-t 图像中进行理解，图像能够很好地显示两个运动物体的速度和位移关系，

帮助学生理解追赶相遇问题，本题中汽车与自行车运动的 v-t 图像如图 4-10 所示。若相遇时汽车的速度大于自行车的速度，那么之后还会有一次自行车重新追上汽车的相遇（例如图 4-10 中的 t_1 时刻和 t_3 时刻，两块阴影面积相等）；若汽车的速度减至自

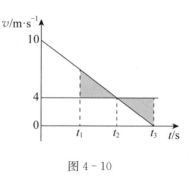

图 4-10

行车的速度之前，二者未曾相遇，那么之后就一直不会相遇，所以当汽车的速度减至自行车的速度时（如图 4-10 中的 t_2 时刻）二者相遇，则为二者唯一的一次相遇，对应的就是"恰好"的意义。

正确的解法是：

关闭油门后,汽车速度减为与自行车速度相同时所需的时间为:

$$t = \frac{v_2 - v_1}{a} = \frac{4-10}{-0.6} \text{ s} = 10 \text{ s}$$

相应的运动距离为:$x_1 = \frac{v_2^2 - v_1^2}{2a} = \frac{4^2 - 10^2}{2 \times (-0.6)} \text{ m} = 70 \text{ m}$

在相同时间内,自行车行进的距离为:$x_2 = v_2 t = 4 \times 10 \text{ m} = 40 \text{ m}$

则关闭油门时汽车与自行车之间的距离为:$\Delta x = x_1 - x_2 = (70 - 40) \text{ m} = 30 \text{ m}$。

通过对典型错解的分析,教师引导学生巩固了分析相遇问题的思路,关注点透过了位移和时间的表象,深入到速度,实现了对"相遇"和"恰好相遇"实质的理解,为学生点明了错误原因,确立了正确的解题思维。

再如示例 2 中学生所犯的错误是:对气体状态变化过程的分析不够仔细,忽视了可能发生的气体质量变化或是封闭气体的水银柱长度变化。教师要为学生点明此类错误产生的原因:通常情况下,我们分析气体问题时只需关注气体的始末状态,可以忽略中间过程,但前提条件是研究对象为密闭气体;本题中靠近开口端的 B 部分气体是在玻璃管竖直之后才被封闭起来的,其初始长度并不等于玻璃管水平放置时的长度,应为玻璃管竖直时的气体长度。分析气体问题的基本思路是:确定待研究的密闭气体变化过程,分析气体始末状态的状态参量,列出状态方程;计算密闭气体在某个状态时的压强大小,通常需要以封闭气体的固体物或液柱为研究对象,利用力平衡原理或液体传递压强原理,构建与另一侧气体的压强关系进行求解。

正确的解法是:

A 部分密闭气体的初状态:$p_A = p_0 = 75 \text{ cmHg}, l_A = 40 \text{ cm}$

末状态:p_A'未知,$l_A' = 37.5 \text{ cm}$

由 $p_A V_A = p_A' V_A'$ 可得:$p_A' = \frac{p_A l_A}{l_A'} = \frac{75 \times 40}{37.5} \text{ cmHg} = 80 \text{ cmHg}$

玻璃管转到竖直位置,尚未插入水银槽时,A 部分密闭气体的中间状态：

$$p_{A中}=p_0-15 \text{ cmHg}=(75-15) \text{ cmHg}=60 \text{ cmHg}, l_{A中} 未知$$

由 $p_A V_A=p_{A中} V_{A中}$ 可得：$l_{A中}=\dfrac{p_A l_A}{p_{A中}}=\dfrac{75\times40}{60} \text{ cm}=50 \text{ cm}$

当玻璃管开口端刚接触水银面时，B 部分气体被封闭，其初状态
为：$p_B=p_0=75 \text{ cmHg}, l_B=(100-50-15) \text{ cm}=35 \text{ cm}$

末状态：$p_B'=p_A'+15 \text{ cmHg}, l_B' 未知$

由 $p_B V_B=p_B' V_B'$ 可得：$l_B'=\dfrac{p_B l_B}{p_B'}=\dfrac{75\times35}{80+15} \text{ cm}\approx27.6 \text{ cm}$

则最后进入玻璃管中的水银柱长度 $h=(100-37.5-15-27.6) \text{ cm}=$
19.9 cm。

通过对典型错解的分析，教师引导学生巩固了分析气体状态变化问题的思路，根据研究问题的需要，选择合适的密闭气体对象和过程进行分析，建立前后状态参量之间的联系，强化了气体实验定律的适用对象是密闭气体的观念。

对学生的习题错误进行辨析讲解是培养学生科学思维的好路径。通过思考发现别人的错误，可以锻炼学生思维的多面性、敏锐性和缜密性，培养良好的思维习惯，有效提升推理论证能力和质疑能力。

二、方法指导

教师有时会发现学生对于部分习题缺乏解题思路和方法，尤其是一些过程复杂、难度较大的习题，此时需要教师开展针对性指导，这也是习题教学的主要任务之一。在指导过程中，教师要遵循以导为主的教学逻辑，着重点拨学生思考和分析的方法，鼓励学生用心参与解决问题的全过程，形成自己的解题思维。

1. 变抽象为具象

有些难题因为情境比较复杂，学生难以将抽象的文字描述整合成方便理解的物理关系，这时教师要指导学生将文字描述转化为脑

海中生动的画面和纸上的图示,变抽象为具象来降低理解难度。将文字描述转化为生动的画面,要求学生有较为丰富的生活经验,教师一方面要鼓励学生平时多观察自然现象,另一方面可以在课堂上为学生演示或展示相关的情境,来增加学生的阅历。将文字描述转化为纸上的图示,则是处理物理问题的常用方法,如能体现运动过程的行程图、轨迹图,能体现运动特点的 x-t、v-t 图像,能体现物体受力特点的受力示意图……指导学生形成对问题情境的具象描述,是解决问题的有效方式。

请看教师是如何指导学生来解决此类难题的:

一颗子弹水平射入静止在光滑水平面上的木块后穿出,已知子弹受到木块的阻力恒定。当子弹的入射速度 v_0 变大时,子弹击穿木块穿出时的速度 $v_子$ 会变大吗?此时木块的速度 $v_木$ 会变大吗?请说明理由。

首先,教师引导学生体会"一颗子弹水平射入静止在光滑水平面上的木块后穿出"的意思,意识到短短一句话描述了子弹与木块之间的相对运动,运动关系比较复杂,建议在纸上画出子弹射入、穿出木块时的位置图,并标出子弹和木块的位移,如图 4 - 11 所示。从图中可以看出,子弹的位移 $x_子$ 比木块的位移 $x_木$ 多出的一段,恰好等于木块的长度 d,

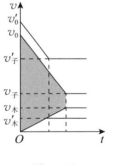

图 4 - 11

此关系是本题情境的关键要素,在位置图中学生很容易关注到。接着,教师指导学生求解问题的路径:本题不需要计算出具体数值,用图像的方式描述和分析物体的运动情况较为合适;确定子弹和木块的运动特点,子弹在木块中做匀减速直线运动,木块在水平面上做初速为零的匀加速直线运动,子弹穿出木块时的速度 $v_子$ 大于木块的速度 $v_木$;画出子弹和木块的 v-t 图像如图 4 - 12 所示,图中

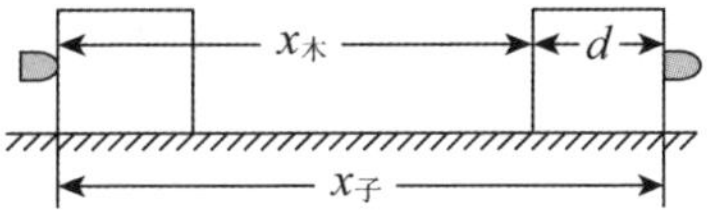

图 4 - 12

子弹和木块的 v-t 图线之间所围的阴影部分面积大小就等于木块的长度 d。然后,教师指导学生思考当子弹入射速度 v_0 变大为 v_0' 时,图线会如何变化。根据子弹和木块的受力情况不变,可知子弹和木块的加速度保持不变,画出变化后的 v-t 图线如图 4-12 所示,子弹的 v-t 图线会向速度轴正方向平移一段,木块的 v-t 图线保持不变。最后,抓住本情境的关键要素 $x_子 - x_木 = d$,从图像中可以看出:当子弹比木块多运动距离 d 时,子弹穿出木块时的速度 $v_子'$ 大于 $v_子$,此时木块的速度 $v_木'$ 小于 $v_木$。

将抽象的文字转化为具体的画面,将复杂的关系转化为直观的图像,难题也就迎刃而解了,可谓是一种好方法。

2. 从整体到局部

面对过程复杂的问题,教师要指导学生将整个过程分解为若干个性质单一的局部过程,逐一分析解决。分解的依据通常是物体运动情况发生变化、物体受力情况发生变化、电路结构发生变化……

有些过程的复杂性显而易见,容易分解,譬如此问题情境:如图 4-13 所示,置于斜面上的小木块在沿斜面向上、大小为 11.2 N 的恒定外力 F 作用下,从 A 点由静止开始做匀加速直线运动,前进 0.45 m 后到达 B 点。此

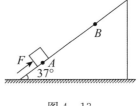

图 4-13

时立即撤去外力 F,求小木块回到 A 点时的速度。已知木块与斜面间的动摩擦因数 $\mu = 0.3$,斜面足够长,木块质量 $m = 1$ kg,$g = 10$ m/s²。

读题后不难发现,小木块从斜面上的 A 点出发回到 A 点的整个运动过程,可以被分解为从 A 点到 B 点、从 B 点到最高点、再从最高点回到 A 点三段不同的运动,分解的依据是:小木块的受力情况发生了变化。只要分别将每一段运动过程分析清楚,抓住各段运动过程之间的速度、位移关系,问题就能顺利解决。而在下面这个情境中,对整体运动的分解就不那么容易了:

如图4-14所示,在蹦极运动中,运动员脚踝处绑有一根一端固定的长橡皮条,从高处落下后会经历在空中上下运动的过程,请详细描述运动员(视为质点)下落过程中(不计空气阻力)的运动情况。

图 4 - 14

部分学生阅读问题后马上就给出了答案:蹦极运动员下落过程中的速度先增大后减小。这个回答不错,但显然是不到位的,只关注了运动员下落过程中速度的变化情况,却忽略了加速度的变化情况。如果根据速度变化情况进行分解,整个下落过程可分为增大和减小两个局部过程;如果根据加速度变化情况进行分解,则可分为三个局部过程,加速度先不变、后减小、再增大。所以综合来看,整个下落过程分成三个局部过程,分别描述加速度和速度的变化情况。正确的描述是:从开始下落到弹性绳绷紧前,运动员向下做自由落体运动;从弹性绳绷紧到产生的拉力等于运动员的重力前,运动员继续向下做加速度逐渐减小的加速直线运动;此后运动员继续向下做加速度逐渐增大的减速直线运动直至速度变为零,到达最低点。

教师要指导学生学会分析复杂过程的一般方法——分解,分解的依据就是反映物理过程的特点,只要某个特点发生了变化,就要将前后过程独立分解出来,这样才能做到对复杂过程的分析没有疏漏。对于复杂过程的描述,教师还可以指导学生运用图像方法,其中 v - t 图像最常用,可以同时显示速度、加速度和位移的相关信息。上题中运动员下落的 v - t 图像如图4-15所示,他在 0~t_1 时间内做自由落体运动,在 t_1~t_2 时间内做加速度逐渐减小的加速直线运动,在 t_2~t_3 时间内做加速度逐渐增大的减速直线运

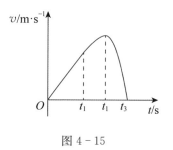

图 4 - 15

动。图像不仅具有简洁、直观性强的特点,而且能将分解讨论的结果再整合到一起,使学生对整个过程中速度的连续性变化和加速度的变化特点形成完整的认识。

对复杂过程进行分解,是解决问题不可或缺的思维方法。通过习题教学,教师可以引导学生体验思维过程,由感悟而习得方法,培养解题思维。

三、变化迁移

学生的知识应用能力和学科思维能力在习题教学中能够得到进一步的发展和提升。习题教学中多角度的问题讨论、多样化的问题情境,都能有效锻炼学生的知识应用能力和思维的灵活性,实现应变迁移能力的提升。

1. 变换问题角度

针对学生在习题中暴露出来的难点,教师可以在习题教学中设计一些不同角度的问题来帮助学生理解。例如,在电磁感应现象中,分析与变化的感应电流相关的问题是学生的学习难点,在习题教学中不妨通过多角度的问题讨论来化解这个难点。请看以下情境中的这些问题:

如图 4-16 所示,两长直光滑平行金属导轨(电阻不计)固定在同一水平面内,间距为 d,其左端接阻值为 R 的定值电阻。整个装置处于竖直向下、磁感应强度为 B 的匀强磁场中,一质量为 m、电阻为 r 的导体棒 MN 垂直

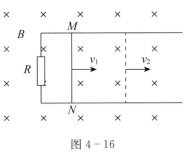

图 4-16

于导轨放置,且接触良好。现给导体棒 MN 施加一水平向右的初速度 v_1,经过时间 t,速度变为 v_2。在时间 t 内,问:

(1) 经过 MN 的电流 I 随时间 t 如何变化?

(2) 通过 MN 的电荷量 q 有多少?

(3) 电阻 R 中产生了多少热量 Q?

以上三个问题,分别从感应电流 I、电荷量 q、热量 Q 三个角度来讨论与感应电流相关的问题。由于三个物理量之间存在着明显的关

系 $q=It$、$Q=I^2Rt$,学生会认为求解电荷量 q、热量 Q 与求解感应电流 I 是一回事。然而,经教师点拨后学生发现,根据 $I=\dfrac{E}{R+r}=\dfrac{Bdv}{R+r}$

可知,感应电流 I 随时间 t 的变化率 $\dfrac{\Delta I}{\Delta t}=\dfrac{\Delta\left(\dfrac{Bdv}{R+r}\right)}{\Delta t}$,在 B、d、R、r 不变的情况下,$\dfrac{\Delta I}{\Delta t}=\dfrac{Bd}{R+r}\cdot\dfrac{\Delta v}{\Delta t}=\dfrac{Bd}{R+r}a$,导体棒 MN 受到的合外力即安培力 $F_{安}=BId$,产生的加速度 $a=\dfrac{F_{安}}{m}$ 与速度 v 方向相反,使导体棒做减速运动,随着 v 的减小,I 减小,$F_{安}$ 减小,a 减小,则 $\dfrac{\Delta I}{\Delta t}$ 也减小,综合得出:导体棒 MN 在做加速度减小的减速运动,感应电流 I 在减小,随时间 t 的变化率也在减小,大致情况如图 4-17 所示。由于 I 是变化的,所以并不能直接通过关系式 $q=It$、$Q=I^2Rt$ 求解 q 和 Q,难点就藏于此。该如何化解呢?

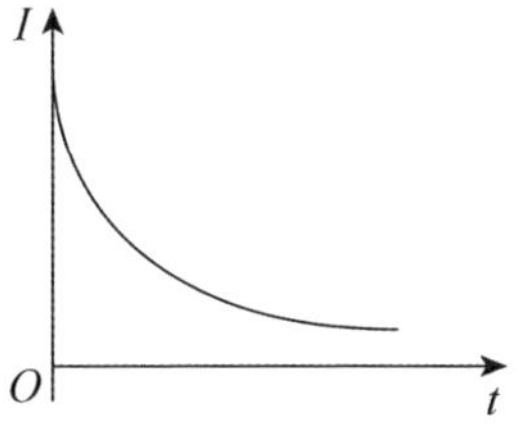

拿出讨论复杂变化过程的神器,一是运用微元法直接分析求解,二是运用转化思想间接

图 4-17

求解。运用微元法讨论感应电流 I 和 I^2R 对时间的累积效应,则有

$\Delta q=I\Delta t=\dfrac{E}{R+r}\Delta t=\dfrac{Bdv}{R+r}\Delta t=\dfrac{Bd}{R+r}\Delta x$,$\Delta Q=I^2R\Delta t=\left(\dfrac{E}{R+r}\right)^2R\Delta t=\left(\dfrac{Bdv}{R+r}\right)^2R\Delta t$,可见在 B、d、R、r 不变的情况下,电荷量 q 与导体棒的位移 x 成正比,求解 q 要先解出 x,而热量 Q 与 v、t 的关系依然复杂无法求解。换一个角度来看 Δq,$\Delta q=I\Delta t=\dfrac{F_{安}}{Bd}\Delta t=\dfrac{m(v_1-v_2)}{Bd}$,运用动量定理可以直接得出答案,动量定理在分析力以及与力相对应的物理量对时间的累积效应方面具有得天独厚的优势。而热量 Q 可以运用转化思想,通过能量守恒关系 $\Delta E_K+Q=0$ 求解。

通过对以上三个角度的问题分析,学生认识到:表面上直接相关的感应电流 I、电荷量 q 和热量 Q,当 I 变化时并不能直接套用关系式求解;当导体棒做切割磁感线运动产生感应电流时,在其他条件不变、只有安培力对导体棒做功的情况下,感应电荷量与导体棒的位移成正比,与导体棒的速度变化量也成正比;感应回路中产生的总热量等于导体棒减少的动能。

多角度的问题讨论使学生围绕难点展开大容量思考,综合多方面知识分析求解。这个过程使学生的思维深度和宽度得到锻炼,对难点内容的本质和特性了然于心。

2. 设计情境迁移

针对学生在习题中暴露出来的难点,教师还可以在习题教学中设计一些不同的问题情境来帮助学生加深理解,并通过情境迁移来锻炼学生思维的灵活性和应变能力。例如,分析变力作用下的直线运动也是学生的学习难点,教师可以设置下面的问题情境给学生练习。

原题:如图 4-18 所示,一小球从固定竖立在地面的轻弹簧正上方某处自由下落,接触并压缩弹簧。若弹簧始终发生的是弹性形变,则在压缩弹簧的全过程中,小球的(   )。

图 4-18

A. 速度变小,加速度变小

B. 速度变小,加速度先变小后变大

C. 速度变为零时,加速度变为最大

D. 速度和加速度都是先变大后变小

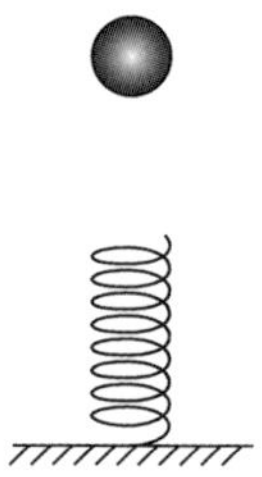

大部分学生在初次接触弹簧-物体模型时常表现出认知困难,即使经过教师的分析讲解,仍然会有不少学生处于懵懂的状态。此时教师可以在习题教学中变换问题情境,来检验学生对此模型的掌握情况,并进一步强化分析思路和方法。以下就是一些可以选择的变式情境:

情境①:如图 4-19 所示,某种升降机的底部装有若干个劲度系数较大的保护弹簧,当升降机从高处意外坠落时,弹簧可以发挥触地缓冲的作用。在保护弹簧下端触地到升降机运动至最低点的过程中,忽略摩擦力,弹簧始终发生的是弹性形变,则( )。

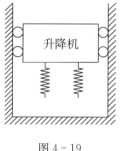

图 4 - 19

A. 升降机的速度和加速度都是不断变小

B. 升降机的速度和加速度都是先变大后变小

C. 弹簧下端刚触地时,升降机的加速度最大

D. 到达最低点时,升降机的加速度一定大于重力加速度

变式方向:与原题的运动过程基本相同,只是在结构上略有变化,弹簧被固定在了运动物体上,需将多根弹簧等效为一根弹簧。

情境②:固定于水平桌面上的轻弹簧上面放一重物,现用手往下压重物,然后突然松手,如图 4 - 20 所示。在重物脱离弹簧之前,重物的运动为( )。

A. 先加速,后减速

B. 先加速,后匀速

C. 始终加速

D. 加速度始终减小

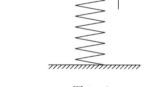

图 4 - 20

变式方向:与原题的运动过程方向相反,可视为其逆过程,运动特点相同。

情境③:图 4 - 21 是一小朋友玩蹦床的情景,图中 A 位置是床面未受压力时的位置,B 位置是某次他从高处直立下落的过程中将床面压到的最低位置。若床面的形变始终在弹性限度内,空气阻力忽略不计,则小朋友从高处下落到 B 位置的过程中,( )。

A. 从 A 位置到 B 位置,速度始终减小

B. 在 B 位置时,所受合外力为零

C. 从 A 位置到 B 位置,加速度方向始终向上

图 4 - 21

D. 从 A 位置到 B 位置,速度先增大后

减小

变式方向:用真实生活情境中的蹦床替换了原题中的弹簧,如不考虑定量计算,依然可以将其抽象为弹簧-物体模型,用相同的思路和方法分析问题。

情境④:蹦极是一项具有挑战性的运动,如图4-22所示,蹦极的运动过程可以简化为:从 O 点开始下落,在 A 点弹性绳刚好伸直,到达 B 点时速度最大,下落到最低点 C 点后向上弹回。忽略空气阻力,弹性绳始终发生的是弹性形变,则在人下落过程中(   )。

A. 在 OA 段做自由落体运动,处于超重状态

B. 在 AB 段做向下的加速运动,加速度变大

C. 在 BC 段做向下的减速运动,加速度变大

D. 在 C 点时速度为零,处于失重状态

图4-22

变式方向:情境中的弹性绳发生的是伸长形变,虽然与原题中弹簧的压缩形变方式不同,但是弹性绳弹力与弹簧弹力的变化特点非常相似,也可以用相同的思路和方法进行分析。

从模型情境到生活情境,所反映出的物理特性都是物体在弹性变力作用下的变加速运动问题,分析的思路和方法是相似的,因此要抓住运动过程中的力平衡点、弹力零点、速度零点、弹簧振子的运动特点等关键因素,让学生体会到:动力学问题中物体受力对加速度大小和方向有决定作用,加速度方向对速度增大还是减小有决定作用,加速度大小与速度增大还是减小无关。变加速直线运动是学生认为最难的物理情境之一,虽然不需要进行定量计算,但是定性的加速度和速度变化分析需要很强的逻辑推理能力,对学生而言是复杂思维,学生很难在学习初期形成这种复杂思维能力,建议教师在教学中循序渐进,逐步加强。

通过"变身"情境迁移,学生对难点内容的本质和特性越来越熟悉,对类似情境的识别能力、建模能力都得到提升。

第三节 复习教学

　　复习教学的逻辑特点是帮助学生梳理板块知识或者专项知识，弄清板块知识之间的逻辑关系，引导学生关注学科知识的整体性特点或是某一类问题的共性特征和相异之处，使学生在思维上对知识和问题有更高维度的整体把握。复习教学通常以专题形式呈现，围绕核心知识和方法、思维逻辑、知识运用逻辑进行教学设计，以实现强化物理观念、形成思考路径、提升思维能力的目标。

一、整理知识内容

　　整理知识内容是复习教学的主要目标和功能之一。物理知识通常都是以板块的形式构成整体的逻辑关联。板块的核心内容通常是某一类物理现象，如直线运动、曲线运动、振动与波、气体的性质、稳恒电路、电磁感应等；板块内的知识之间具有较强的相关性，整理的重要意义就在于建立知识之间的逻辑关联，实现知识的结构化。

1. 梳理知识逻辑

　　学生学习某一板块物理知识的过程通常会持续几周的时间，在新授教学或习题教学中固然会涉及前后知识的关联，但是学生对板块内各知识点的认知和定位还是分散的，因此，在整个板块教学的最后安排一次复习教学很有必要。在复习教学中，教师首先要引导学生列出板块内的主要知识点，然后梳理这些知识点之间的逻辑关系，为最终形成板块知识结构奠定基础。

　　以曲线运动板块为例，涉及的知识点有：曲线运动、物体做曲线运动的条件、平抛运动、平抛运动的规律、匀速圆周运动、线速度、角速度、周期、向心加速度、向心力、离心现象、万有引力定律、人造地球卫星的环绕速度、宇宙速度。这些知识点之间的逻辑关系是：①曲线运动中包含平抛运动和匀速圆周运动这两种典型的运动模型，它们的共性特征是物体受到的合外力及其产生的加速度与速度方向不在同一直线上，这也就是物体做曲线运动的条件，相异之处是平抛运动受到的合外力是恒力，而匀速圆周运动受到的合外力是大小不变、方向始终指向圆心的变力；②两种曲线运动的受力特征和运动特征不同，所以两者的分析思路和方法也有所不同，研究平抛运动的规律采用化繁为简的研究方法，可将其分解为沿初速度方向的匀速直线运动、沿重力（合力）方向的自由落体运动，研究匀速圆周运动却是从沿轨迹运动和绕圆心转动两个不同的角度进行描述与分析；③在描述匀速圆周运动的相关物理量中，线速度、角速度、周期是描述匀速圆周运动快慢的基本物理量，向心加速度是描述线速度方向变化快慢的物理量，向心力显示了物体做圆周运动时对力的需求；④离心现象是物体实际受到的合外力不足以提供向心力的表现，生活中很常见；⑤运用匀速圆周运动的向心力表达式和万有引力定律可以计算出人造地球卫星的环绕速度和第一宇宙速度。

2. 建立知识结构

用文字的方式呈现板块知识点及其逻辑关系不够简洁明了，整体感不强，难以给学生留下深刻的印象。我们可以将知识点根据逻辑关系画成结构图，将大量的文字描述转换为直观的图形，使知识在学生的认知中以结构化的整体方式呈现，帮助学生形成物理观念。

基于对曲线运动板块知识及其逻辑关系的梳理，建立曲线运动板块的知识逻辑结构图如图4-23所示。

知识逻辑结构图用简约的文字和公式显示了重点知识及其之间的逻辑关系，同时还显示了研究知识的思维逻辑（图中带底纹的内容），可以帮助学生将零散的知识用逻辑线索整合在一起，建立对板块知识的整体结构化认知，强化物理观念和学科思维。

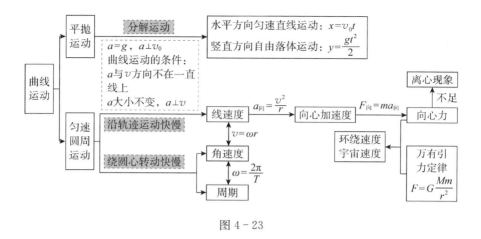

图 4 - 23

二、归纳解题思路

复习教学的另一个主要目标和功能是帮助学生整理归纳解决一类问题的思路和方法。在日常学习中学生会遇到各种各样的物理问题,但学生的思维通常会习惯于聚焦在某一道题或某一个问题上,而不善于自主归纳一类问题的解题思路,因此常常出现迁移应用的困难。面对新的问题情境,学生的第一反应通常是在记忆中搜寻曾经遇到过的相似情境及其解法。如果问题情境与学生记忆中的情境相似程度很高,学生通常可以顺利解决问题;但如果问题情境与学生记忆中的情境相似程度不高,或者学生的记忆不清晰,则那些未能掌握各类问题解决思路的学生,就会陷入似是而非、生搬硬套的困境中。因此,教师在复习教学中要引导学生聚焦一类问题,将思维从各个分散的点汇聚成一条具有共性的逻辑主线,整理研究此类问题的思路和方法,并能在各种情境中针对同类问题进行有逻辑地分析,同时又能紧扣情境的个性化差异,在细节上采取适当的应对策略。

1. 整理研究思路

高中物理包含力、热、电磁、光和原子等方面的教学内容,常见的问题有机械运动问题、力平衡问题、动力学问题、功能问题等,每一类问题都有相应的研究思路。教师在复习教学中要帮助学生抓住一类问题的特点，梳理研究此类问题的逻辑主线，整理归纳出解题思路。

例如，力平衡问题的特点是：物体处于静止或匀速直线运动状态。梳理平衡问题的逻辑主线，整理研究平衡问题的思路是：第一步，从问题情境中选择研究对象，建立质点模型；第二步，对研究对象进行受力分析；第三步，应用共点力平衡条件 $\sum F=0$，列出平衡关系式进行分析；第四步，检验答案是否合理。再如，功能问题的特点是：力作用在物体上产生空间累积效应，物体的能量状态发生变化。梳理功能问题的逻辑主线，整理研究此类问题的思路是：第一步，从问题情境中选择研究对象和过程；第二步，分析研究过程中研究对象的受力情况；第三步，建立相应的力做功与能量变化之间的关系并进行分析；第四步，检验答案是否合理。

一类问题的解题思路，普遍适用于解答各种场景中的相关问题。例如对于带电粒子在电场中运动的情境，若是涉及带电粒子的运动轨迹问题，就会用到动力学解题思路；若是涉及带电粒子的电势能问题，就会用到功能或是能量守恒的解题思路。再如，对于导体棒在磁场中做切割磁感线运动的情境，若是涉及感应电流、电压等问题，就会用到电路的解题思路；若是涉及导体棒的运动问题，就会用到力平衡、动力学或是功能的解题思路；若是涉及回路中产生的热量问题，就会用到能量的解题思路。总之，分析综合性情境问题的基本原则是：涉及哪一类问题，就调用与之相对应的解题思路，要做到思路清晰，多而不乱。

2. 依据差异施策

身处不同的情境中，每一类问题都是一个庞大的群体，其中的细枝末节千变万化，是学生较难把握的部分。因此教学中既要让学生熟练掌握各类问题的解题思路，牢牢抓住问题的逻辑主线，更要通过各种问题情境来引导学生关注、体会每个分析步骤中因情境不同而存在的个性化差异,学习领会应对各种差异的不同策略。

仍以力平衡问题为例,分析每个步骤中的差异。步骤一中的差异体现在,根据情境问题灵活选择研究对象。针对不同的问题,有时候要选某个物体为研究对象,有时候要选两个或两个以上的物体结合而成的整体作为研究对象,甚至有时候要选物体的某一部分作为研究对象,也就是要灵活运用隔离法和整体法。此处教师要引导学生领会的应对策略是:将待研究的力转化为外力,尽可能选择受力较少的物体(或物体组)作为研究对象。步骤二中的差异体现在,不同情境里的研究对象受力情况不同。此处教师要引导学生领会的应对策略是:按照先场力(重力、电场力、磁场力)后接触力(弹力、摩擦力)的顺序进行受力分析,分析弹力和摩擦力时要注意相关的存在条件,避免出现少力或多力的情况,只分析外力不分析内力,只分析性质力不分析效果力。步骤三中的差异体现在,根据受力情况确定如何列出平衡关系式。此处教师要引导学生领会的应对策略是:三力平衡通常选择列出矢量三角形关系式,三个以上力的平衡通常选择列出正交分解方程组;在三力平衡中还需要根据情境特征确定运用矢量三角形关系的运算方式,直角三角形可以用三角函数或勾股定理,任意三角形若已知角度信息应选用正弦定理,任意三角形若已知空间距离信息可选用相似三角形对应边成比例来求解。

与以上分析相对应的复习教学问题情境设计示例如下:

情境①:如图 4 - 24 所示,竖直绝缘墙上固定一带电小球 A,一根轻质绝缘丝线一端固定在 A 的正上方 C 处,丝线另一端悬挂带电小球 B,图中 $AC=h$。当 B 静止在与竖直方向夹角 $\theta=30°$ 方向时,A 对 B 的静电力为 B 所受重力的 $\frac{\sqrt{3}}{3}$ 倍,则绝缘丝线 BC 长度为_____。若 A 对 B 的静电力为 B 所受重力的 0.5 倍,改变丝线长度,使 B 仍能在 $\theta=30°$ 处平衡。由于 A 漏电,B 在竖直平面

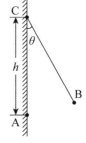

图 4 - 24

内缓慢运动,当 B 运动到 $\theta=0°$ 处 A 的电荷尚未漏完,在整个漏电过程中,丝线上拉力大小的变化情况是_____。

分析步骤:

第一步:选择小球 B 作为研究对象建构平衡模型(球 A 固定在墙上受力情况不明,不适合作为研究对象);

第二步:对小球 B 进行受力分析,其受到重力 G、静电力 $F_电$ 和丝线的拉力 F_T 作用;

第三步:这是一个典型的三力平衡问题。画出力平衡的矢量三角形,如图 4-25 所示,是任意三角形。

针对第一空的问题,运用力平衡的矢量三角形与空间几何图形 $\triangle ABC$ 相似,对应边成比例有 $\dfrac{G}{h}=\dfrac{F_电}{AB}$,可得 $AB=\dfrac{\sqrt{3}}{3}h$;然后在几何图形 $\triangle ABC$ 中运用余弦定理 $(AB)^2=(AC)^2+(BC)^2-2(AC)(BC)\cos\theta$,可得 $BC=\dfrac{\sqrt{3}}{3}h$ 或 $\dfrac{2\sqrt{3}}{3}h$。

图 4-25

针对第二空的问题,由于球 A 漏电,球 B 受到的静电力减小,受到丝线的牵制始终绕 C 点做圆周运动,θ 逐渐变小直到变为 $0°$。在此缓慢运动的过程中,球 B 可视为始终处于平衡状态,力平衡的矢量三角形形状在改变,但始终与空间几何图形 $\triangle ABC$ 形状保持一致,根据相似三角形对应边成比例,有 $\dfrac{G}{h}=\dfrac{F_T}{BC}$,可得在 θ 变为 $0°$ 之前的过程中,丝线的拉力 F_T 大小保持不变。而当 θ 变为 $0°$ 时,必须先确定球 B 在球 A 的上方还是下方,才能确定丝线的拉力 F_T 是变大还是变小。根据 $\dfrac{G}{h}=\dfrac{F_电}{AB}$,可得 $AB=0.5h$,所以 $\angle ABC=90°$,$BC=\dfrac{\sqrt{3}}{2}h$,当 θ 变为 $0°$ 时,球 B 在球 A 的上方。在此后的漏电过程中,球 A 对球 B 向上的斥力逐渐减小,所以丝线的拉力 F_T 会逐渐增大。

设计意图:带领学生巩固力平衡问题的解题思路,体验三力平衡中典型的运算策略。

情境②：如图 4 - 26 所示，在楔形木块的斜面与竖直墙面之间静止着一个光滑球，这时楔形木块对水平地面的压力为 F_N、摩擦力为 F_f。若在光滑球的最高点再施加一个竖直向下的力 F，木块仍处于静止状态，则 F_N、F_f 的变化情况是（　　）。

A. F_N、F_f 均变大

B. F_N 变大、F_f 不变

C. F_N 不变、F_f 变大

D. F_N 变大、F_f 变化情况无法确定

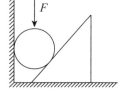

图 4 - 26

分析：本题情境中涉及球和木块两个物体，并且两个物体的受力情况都能够分析清楚，因此均可作为研究对象，那么该选择哪一个作为研究对象来建构平衡模型呢？因为题目要求是判断在球上加力 F 后地面与木块之间的弹力 F_N 或 F_N'、摩擦力 F_f 或 F_f' 大小如何变化，所以优先选择球与木块组成的整体作为研究对象建构平衡模型，可以回避球与木块之间的相互作用力。该整体属于三个以上的多力平衡，应当使用正交分解法分析问题，根据 $F + G_总 = F_N'$，可以得到地面对木块的支持力 F_N' 变大的结论；根据 $F_墙 = F_f'$，却无法立即得到 F_f' 的变化情况，显然需要另选研究对象再作进一步分析。于是，确定再选择受力情况相对简单的球作为研究对象，建构平衡模型。对球而言，原来是重力 $G_球$、墙壁的弹力 $F_墙$ 与斜面的弹力 $F_斜面$ 三力平衡的状态，现在增加一个竖直向下的力 F，变为四力平衡状态，此处有两种分析方法。

方法一是运用常规的分析三个以上的多力平衡问题的正交分解法来解答，列式解出外力 F 施加前后的 $F_墙$ 进行大小比较。

施加外力 F 之前：假设楔形木块的底角为 θ，根据图 4 - 27 所示的三力平衡矢量三角形关系可得 $F_墙 = G_球 \tan\theta$。施加外力 F 之后：根据球的受力情况，运用正

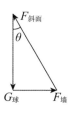

图 4 - 27

交分解法列出力平衡关系式 $F_墙 = F_{斜面}\sin\theta$、$G_球 + F = F_{斜面}\cos\theta$，可得 $F_墙 = (G_球 + F)\tan\theta$。

方法二是运用等效的思想，将竖直向下作用在球上的力 F 与 $G_球$ 合成，等效为球的"新重力"G，其大小为 $G_球 + F$，将四力平衡转化为三力平衡的问题；再运用图 4-28 所示的力平衡矢量三角形作图法，即可得到 $F_墙$、$F_{斜面}$ 均变大的结论。此方法较为简便。

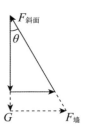

图 4-28

设计意图：指导学生从多个物体中选择合适的研究对象建构平衡模型进行研究，领会根据需求灵活变换研究对象的策略和等效的分析策略。

情境③：如图 4-29 所示，墙角处有一根质量为 m 的均匀绳，一端悬挂于天花板上的 A 点，另一端悬挂于墙壁上的 B 点，平衡后最低点为 C 点。现测得 AC 段绳长是 BC 段绳长的两倍，且在 B 点处的切线与墙壁的夹角为 α，则绳在最低点 C 处的张力大小为_____，A 点对绳的拉力大小为_____。

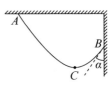

图 4-29

分析：本题情境中唯一的可研究对象似乎只有绳，但是若将整根绳作为研究对象，则绳在 A 点的受力大小和方向、在 B 点的受力大小都未知，显然无法得到 A 点对绳的拉力大小。题中条件"AC 段绳长是 BC 段绳长的两倍"和所求问题"绳在最低点 C 处的张力大小"，都在暗示要将绳在 C 点断开，使 C 处的张力（C 点两侧绳的内部相互作用力）转变为 AC 段绳对 BC 段绳的拉力或 BC 段绳对 AC 段绳的拉力进行求解。鉴于 AC 段绳在 A 处的受力方向未知，而 BC 段绳的两端受力方向明确，所以选择 BC 段绳作为研究对象建构平衡模型，其力平衡矢量三角形如图 4-30 所示，根据三角函数关系可求得 AC 段绳在 C 处对 BC 段绳的拉力大小 $F_C = $

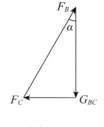

图 4-30

$G_{BC} \tan\alpha = \dfrac{1}{3} mg \tan\alpha$，也就得到了绳在 C 处的张力大小。然后再以 AC 段绳作为研究对象建构平衡模型，其力平衡矢量三角形如图 4-31 所示，利用勾股定理关系 $F_A^2 = G_{AC}^2 + F_C'^2$ 和牛顿第三定律 $F_C = F_C'$，可求得 A 点对绳的拉力大小

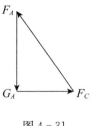

图 4-31

$$F_A = \sqrt{\left(\dfrac{2}{3} mg\right)^2 + \left(\dfrac{1}{3} mg \tan\alpha\right)^2} \ 。$$

设计意图：指导学生根据研究问题的需要，从一个完整的物体中分割出独立的研究对象建构平衡模型进行研究，领会将所求的内力转变为外力的建模策略。

情境④：如图 4-32 所示，一根竖直的弹簧支持着一个倒立气缸的活塞，使气缸悬空且静止。若活塞与气缸之间无摩擦且可自由滑动，下列说法中正确的是（　　）。

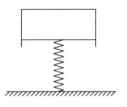

图 4-32

A. 若大气压强增大，弹簧长度将增大

B. 若大气压强增大，气缸相对地面将下降

C. 若气缸内气体温度升高，弹簧长度将减小

D. 若气缸内气体温度升高，气缸相对地面将升高

分析：本题情境中涉及气缸、活塞、弹簧和气缸中的密闭气体，情境较为复杂，对学生而言选取研究对象具有一定难度。教师可以先引导学生思考一系列相关问题，如大气压强的变化跟弹簧长度、气缸的位置高低有什么关系？地球上的物体都被大气包围在其中，平时讨论物体的受力和运动为何都不考虑大气压力？气缸内气体温度升高会引起其体积增大，还是压强增大，抑或是体积、压强都增大？是把弹簧压下去，还是把气缸顶上去，抑或是同时发生？

通过对以上问题的讨论，教师引导学生领悟到：当物体整个被大气包围时，受到大气压力的合力为零，可以不考虑大气压力的作用，

此时大气压强的变化对物体受力无影响；根据胡克定律可知，弹簧长度的变化对应的就是弹簧弹力的变化；气缸相对地面位置的变化对应的是密闭气体体积和弹簧长度变化的综合效果。

若选择活塞、密闭气体和气缸整体作为研究对象，整体就处于重力和弹簧弹力二力平衡状态，与其他因素均无关，可得弹簧弹力保持不变，即弹簧长度保持不变，选项 A、C 错误。

若以气缸为研究对象，根据密闭气体压力、大气压力和重力三力平衡关系，可推理得到：仅当大气压强增大时，密闭气体压力增大；此时再以密闭气体为研究对象，根据等温变化规律可知，密闭气体体积变大，所以气缸相对地面将升高，选项 B 错误。而仅当气缸内气体温度升高时，密闭气体压力不变，此时再以密闭气体为研究对象，根据等压变化规律可知，密闭气体体积变大，所以气缸相对地面将升高，选项 D 正确。（以活塞为研究对象的分析过程，与以气缸为研究对象的分析过程基本一致，只是活塞受力比气缸多，分析过程会稍微复杂一些。）

设计意图：本题是一个综合性情境问题，涉及力平衡问题和气体状态变化问题，但重点还是力平衡问题，特别之处是需要考虑气体作用力的平衡问题。在解题过程中，要引导学生体会在有气体参与的情境中，如何分别讨论密闭气体的状态变化和封闭密闭气体的固体或液体的平衡问题。其中密闭气体的压强是联系两类问题的桥梁，须特别关注。

在复习教学过程中，教师既要帮助学生整理归纳一类问题的逻辑主线，巩固解决问题的思考路径，更要通过不同情境的比较分析，让学生领会应对差异的不同策略，提升学生面对问题情境时的分辨能力和灵活应变的能力。

三、培养思维能力

复习教学的另一个重要功能就是，在帮助学生将知识进一步结构化和整体化的基础上,提升其在较大范围内运用知识解决问题的思维深度和宽度。教师可以设计一些问题情境来培养学生的思维能力。

1. 培养纵向思维深度

在知识运用的纵向结构中,教师可着重培养学生思维的深度和推理能力,从简单问题到复杂问题、从单一情境到复杂情境,抓住知识主线逐步深入探究,既能巩固知识运用的逻辑,又能锻炼学生思维的延展性。

以能量知识运用为例,可以这样来设计培养学生纵向思维深度的复习教学。比如设计一系列物体在重力场中的能量问题情境,从简单到复杂,引导学生解决机械能问题的思维逐步深入,并梳理归纳基本策略。

情境①:如图 4-33 所示,足够长的固定斜面 AB 和 BC 在底部 B 处平滑连接,两斜面与水平方向的夹角均为 53°,AB 光滑,BC 粗糙。质量 $m=2\,\text{kg}$ 的小物块从斜面 AB 上高为 $h=1.25\,\text{m}$ 的 P 处由静止释放。已知小物块与斜面 BC 间的动摩擦因数为 $\mu=\dfrac{1}{3}$,以 B 处为零势能面,取 $\sin53°=0.8$,$\cos53°=0.6$,$g=10\,\text{m/s}^2$。求:

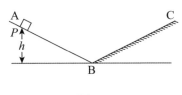

图 4-33

(1) 小物块从 P 处释放到达 B 处的速度大小 v_B;

(2) 小物块第一次沿斜面 BC 上滑过程中损失的机械能 $\Delta E_{\text{机}}$;

(3) 小物块第一次沿斜面 ABC 运动全过程中动能与重力势能相等时的离地高度。

思维路径:

(1) 斜面 AB 光滑,小物块从 P 处运动到 B 处的过程中,只有重力做功,机械能守恒,可运用机械能守恒定律 $\Delta E_k + \Delta E_p = 0$ 求得 v_B;

（2）斜面 BC 粗糙，小物块在上滑过程中损失的机械能应当运用功能原理 $\sum W_{除G} = \Delta E_{机}$ 求解，但是因为小物块沿斜面 BC 上滑的距离 s_1 未知，所以无法运用功能原理直接求得 $\Delta E_{机}$；注意到小物块沿斜面上滑过程有一个隐含条件——末速度为零，故可使用动能定理 $\sum W = \Delta E_k$ 先求得 s_1，再求得 $\Delta E_{机}$；

（3）涉及动能与重力势能大小关系的问题，若为机械能守恒的过程，则运用机械能守恒定律 $E_{k1} + E_{p1} = E_{k2} + E_{p2}$ 的形式即可快速求得，如求解小物块沿斜面 AB 运动的过程中动能与重力势能相等时的离地高度即为 $\dfrac{h}{2}$；若为机械能不守恒的过程，则应运用动能定理，将动能的变化量 $\Delta E_k = E_{k2} - E_{k1}$ 表示为 $E_{p2} - E_{k1}$ 的形式即可求得，如求解小物块沿斜面 BC 运动的过程中动能与重力势能相等时的离地高度。关于这类问题，学生从直觉上很容易误认为这个离地高度就等于最大高度的一半，但忽略了斜面光滑与粗糙的差异。

设计意图：本情境中的三个问题，从只有重力做功的机械能守恒，到有摩擦力做功的机械能变化和动能变化，复杂性逐渐增加，思维难度逐渐增大，让学生仔细体验运用能量知识解决问题的基本策略——找对过程，找对功能关系。

情境②：如图 4 - 34(a)所示，半径 $r = 1.25$ m 的光滑半圆弧轨道 BC 与粗糙水平面 AB 相切于 B，且固定于竖直平面内。在水平面上距 B 点 3 m 处的 A 点放一质量 $m = 1$ kg 的小滑块，在水平向右的力 F 的作用下由静止开始运动。已知：力 F 随小滑块位移 s 变化的关系如图 4 - 34（b）所示，小滑块与水平面间的动摩擦因数 $\mu = 0.5$，g 取 10 m/s²。

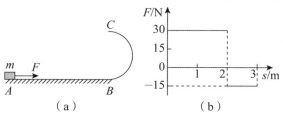

（a）　　　　　　（b）

图 4 - 34

（1）求小滑块在水平面上运动前 2 m 所用的时间；

（2）求小滑块到达 B 点时的速度大小；

（3）若到达 B 点时撤去力 F，小滑块沿半圆弧轨道内侧继续上滑，是否能滑至最高点 C？请通过分析说明理由；

（4）若要使小滑块恰好能滑至最高点 C，应在水平面上何处撤去力 F？

思维路径：

（1）求小滑块在恒力作用下的运动时间，只能运用动力学知识解答。

（2）从图（b）中可以看出，小滑块从 A 点到 B 点的过程中包含两个过程，F-s 是示功图，图线与位移轴所围的面积等于力 F 所做的功，因此应该运用动能定理解答。

（3）从能量角度来看，小滑块在沿光滑半圆弧轨道上滑的过程中只有重力做功，机械能守恒，可以运用机械能守恒定律求解小滑块“到达”C 点的动能，只要动能为正值似乎就是合理的。其实不然，小滑块沿竖直圆轨道内侧运动还必须满足力与速度的匹配关系，需判断：小滑块在 C 点实际受到的指向轨道圆心方向的合外力 $mg + F_N$，是否能与其需要的向心力 $\dfrac{mv_C^2}{r}$ 相匹配，若能则确实可到达 C 点，若不能则无法到达 C 点。

（4）思维路径与前一问大致相同，但是需要推断推力 F 究竟是在距离 A 点 2 m 之内还是 2 m 之外被撤去，列出的动能定理关系式会有所不同，此处的分析必须增加假设与验证的步骤，才能得到合理正确的结果。假设小滑块运动到距离 A 点 2 m 之外的 x 处撤去力 F，则在小滑块从 A 点运动到 C 点的整个过程中，列出动能定理关系式为 $F_1 s_1 - F_2 x - \mu mg(s_1 + s_2) - mg \cdot 2r = \dfrac{1}{2} mv_C^2 - \dfrac{1}{2} mv_A^2$，解得 $x = \dfrac{11}{12}$ m，因为 $0 < x < 1$ m，所以假设成立，结果合理正确。

设计意图:本情境中的示功图是一个提醒学生运用功能关系解决问题的信号;涉及圆周运动的部分必须运用能量知识和向心力知识展开讨论,并通过相互印证来作出判断,增加了思维的深度;最后一问在延续了前一问的思维路径的基础上,设置了对推力 F 作用情况的假设与判断,思维的深度又有所增加,锻炼了学生解决复杂过程问题的能力。

情境③:汽车的质量为 5×10^3 kg,发动机的额定功率为 9×10^4 W,汽车在坡度为 $0.02(\sin\theta=0.02)$ 的公路上沿直线上坡行驶时,阻力大小为车重的 0.1 倍。已知汽车从静止开始,先以 0.4 m/s^2 的加速度做匀加速运动,然后继续加速,共用时 1 min 达到匀速运动,求汽车在 1 min 内行驶的距离。

思维路径:

汽车在 1 min 内的运动分成两段,第一段是匀加速直线运动,可运用运动学公式求得汽车行驶的距离 s_1;第二段是功率恒定的变加速直线运动,所以第二段汽车行驶的距离 s_2 无法运用运动学公式求解,求解 s_2 要转化为求此过程中某个恒力的功,于是运用动能定理解答的思路就确定了。研究细节后发现,第一段运动过程中时间 t_1、位移 s_1、末速度 v_1 都是未知量,但是 v_1 可以通过发动机的功率与牵引力、速度的关系式 $P=F_牵 v$ 和牛顿第二定律求得, $v_1=\dfrac{P}{F_f+mg\sin\theta+ma}$,继而可以求出 t_1 和 s_1。第二段运动过程的动能定理关系式为 $Pt_2-(F_f+mg\sin\theta)s_2=\dfrac{1}{2}mv_2^2-\dfrac{1}{2}mv_1^2$,其中汽车在 1 min 末的速度 v_2 同样可以通过 $P=F_牵 v$ 和匀速运动时的力平衡方程求得, $v_2=\dfrac{P}{F_f+mg\sin\theta}$。

设计意图:这是一个汽车牵引力功率先均匀变大后不变的问题情境,涉及时间因素,表面上看似乎与能量无关。通过教师的引导,学生体会到功率恒定与时间同时出现,就是运用能量知识解决问题的信号。本题的思维路径比较隐蔽曲折,思维的难度较大。

以上三个问题情境的复杂程度逐步递进,情境②和③中所求问题都比较隐蔽,没有直接提到能量,但运用能量知识解决问题却是唯一路径。虽然局限在机械能范畴内讨论问题,但是问题的深度和难度都在增加,可以引导学生的思维向纵深处发展,提升其推理能力。

通过以上复习教学,学生可以体会到适合运用能量知识解答的主要对象是:不涉及时间因素的匀变速运动,特别是多个过程的综合运动;功率恒定的变力作用下的运动;力做功情况清晰的曲线运动。教师指导学生经历从简单到复杂的问题情境中的思维路径,使学生领悟到运用能量知识解决问题的精髓:眼中要有大格局,过程尽量不分割,复杂问题简单化。

2. 培养横向思维宽度

在知识运用的横向结构中,教师可着重培养学生思维的宽度和迁移能力。从一类场景到另一类场景,虽然表面上存在差异,但是具有相似的本质,抓住本质就能轻松驾驭各类场景中的同种问题,实现以不变应万变,形成思维习惯。

仍以能量知识运用为例,可以这样来设计培养学生横向思维宽度的复习教学。比如设计一些物体在电场中、磁场中、电路中的能量问题情境,将讨论的内容延展到各种常见能量形式之间的转化问题,引导学生建立运用能量知识解决问题的横向思维,使学生审视问题的眼光、思考问题的逻辑更具普遍性。

情境①:如图 4-35 所示,水平面 MN 上方有一个与其平行且关于 AA' 对称分布的匀强电场,A 点左侧水平面粗糙,右侧光滑。质量为 m、电荷量为 $+q$ 的滑块从 A 点以初速度 v_0 向左滑动,滑块的电荷量保持不变,滑块与左侧水平面间的滑动摩擦力大小为 f,匀强电场的场强大小 $E=\dfrac{3f}{q}$。取 AA' 为零势面,

(1)求滑块向左滑动的最大距离;

（2）求滑块第一次在 A 点右侧滑行过程中，其动能和电势能相等时距 A 的距离；

（3）分析滑块的运动情况，判断其最终停在何处，并求滑块运动全过程摩擦力做的功。

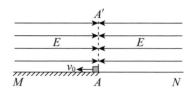

图 4 - 35

思维路径：

（1）滑块向左滑动的最大距离对应的是速度为零的末状态，过程中是恒力做功，运用动能定理求解位移大小一步到位，关系式是 $-fs_1 - Eqs_1 = 0 - \dfrac{1}{2}mv_0^2$。

（2）右侧水平面光滑，只有电场力对滑块做功，所以滑块的动能与电势能总量守恒，则有 $\dfrac{1}{2}mv_A^2 + 0 = E_k + E_{p电}$。根据已知条件 $E_k = E_{p电}$ 即 $\dfrac{1}{2}mv^2 = Eqs_2$，可得 $\dfrac{1}{2}mv_A^2 = 2Eqs_2$，此过程可类比机械能守恒，能让学生体会更多形式的能量守恒过程。再运用动能定理得到关系式 $-2fs_1 = \dfrac{1}{2}mv_A^2 - \dfrac{1}{2}mv_0^2$，求得滑块第一次回到 A 点时的动能 $\dfrac{1}{2}mv_A^2$，代入前式即可求得滑块距 A 点的位移大小 s_2；或者也可以从滑块开始运动一直到右侧动能和电势能相等处，运用动能定理得到关系式 $-2fs_1 - Eqs_2 = \dfrac{1}{2}mv^2 - \dfrac{1}{2}mv_0^2$，结合已知条件 $E_k = E_{p电}$ 即 $\dfrac{1}{2}mv^2 = Eqs_2$，求得 s_2。

（3）由于 A 点右侧水平面光滑，在电场力的作用下滑块无法静止在最右端的位置，而左侧水平面粗糙，滑块受到的滑动摩擦力小于电场力，在电场力作用下也无法静止在最左端的位置，因此滑块会在 A 点两侧做机械振动。在滑动摩擦力做负功的过程中振幅不断减小,最后静止在 A 点,在全过程中运用动能定理可得 $W_f = 0 - \dfrac{1}{2}mv_0^2$。

设计意图:引导学生在电场情境中,巩固运用能量知识解决不涉及时间因素的、多个匀变速运动过程问题的策略,体会只有电场力做功时的能量转化特点和能量守恒的思想。

情境②:如图 4-36(a)所示,两根足够长的光滑平行金属导轨固定于同一水平面内,导轨电阻不计,其间距为 $L=1\ \mathrm{m}$,左端通过导线连接一个 $R=1.5\ \Omega$ 的定值电阻。整个导轨处在磁感应强度大小 $B=0.4\ \mathrm{T}$、方向竖直向下的匀强磁场中。质量 $m=0.2\ \mathrm{kg}$、电阻 $r=0.5\ \Omega$、长度为 1 m 的匀质金属杆垂直导轨放置,且与导轨接触良好。在杆的中点施加一个垂直杆的水平拉力 F,使杆由静止开始运动,拉力 F 的功率 $P=2\ \mathrm{W}$ 保持不变,当杆的速度 $v=5\ \mathrm{m/s}$ 时撤去拉力 F。

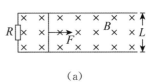

(a)

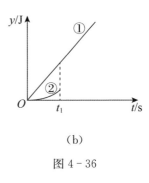

(b)

图 4-36

(1) 求从撤去拉力 F 到金属杆停止运动的整个过程中,金属杆中产生的热量 Q_r;

(2) 请分析说明,若不撤去拉力 F,金属杆的速度是否可能大于 5 m/s。若金属杆在 t_1 时刻速度刚刚达到 5 m/s,拉力 F 所做功的大小 W_F 随时间 t 的变化关系如图 4-36(b)中的①所示,$0 \sim t_1$ 时间内电路中产生的总热量 Q 随时间 t 的变化关系如②所示,请在图 4-36(b)中补画出图线②t_1 时刻之后的图像。

思维路径:

(1) 根据问题情境可知,撤去拉力 F 后金属杆在运动方向上只受安培力作用做减速运动,通过金属杆的电流会逐渐减小,因此杆中产生的热量 Q_r 无法运用焦耳定律 $Q = I^2 rt$ 求得,只能运用能量转化与守恒求解;在此过程中,金属杆的动能减少,先转化为回路中的电能,再转化为纯电阻的内能即热量,于是有 $\Delta E_k + Q_R + Q_r = 0$,再根据串联电路热量分配规律 $Q_R : Q_r = R : r$,即可求得 Q_r;

(2) 若不撤去拉力 F,则经过一段时间后金属杆将达到稳定的运动状态,根据力平衡关系 $F = F_安$,结合 $F_安 = BIL = \dfrac{B^2 L^2 v}{(R+r)}$ 和

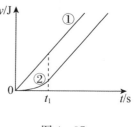

图 4 - 37

$F = \dfrac{P}{v}$,即可求得金属杆的稳定速度 $v = 5 \text{ m/s}$,因此金属杆的速度不可能大于 5 m/s;

若金属杆在 t_1 时刻速度刚刚达到 5 m/s,则此后金属杆保持匀速运动,根据动能定理则有 $W_F + W_{F安} = 0$,而安培力对金属杆做功 $W_{F安}$ 在数值上就等于回路中产生的电能,再转化为电路中产生的总热量 Q,于是可知在 t_1 时刻之后,拉力 F 对金属杆做了多少功就会在电路中产生多少热量,图线② t_1 时刻之后的图像如图 4 - 37 所示。

设计意图:引导学生梳理电磁感应现象中的能量转化问题,理解安培力对回路做功在数值上等于回路中产生的电能即总焦耳热(若为纯电阻回路),学会运用能量转化和守恒求解变化的感应电流在感应回路中产生的焦耳热。

情境③:如图 4 - 38 所示,电动机通过其转轴上的绝缘细绳牵引一根原来静止的长 $L = 1$ m、质量 $m = 0.1$ kg 的导体棒 ab,导体棒紧贴在竖直放置、电阻不计的金属框架上,导体棒的电阻 $R = 1\ \Omega$,磁感应强度 $B = 1$ T 的匀强磁场垂直于金属框架所在

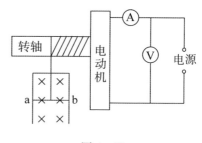

图 4 - 38

平面。当导体棒在电动机牵引下上升 $h = 3.8$ m 时,获得稳定速度,此过程中导体棒产生的热量为 0.2 J。电动机工作时,电压表、电流表的读数分别为 7 V 和 1 A,电动机的内阻 $r = 1\ \Omega$。不计一切摩擦,g 取 10 m/s²,问:

（1）导体棒所能达到的稳定速度是多少？

（2）导体棒从静止到达到稳定速度所用的时间是多少？

思维路径：

（1）导体棒达到稳定速度对应的是导体棒达到平衡状态，对导体棒进行受力分析，列出力平衡方程为 $F_T = G + F_安$，必须先求出 F_T 才能得到 $F_安$，再由 $F_A = BIL = \dfrac{B^2 L^2 v}{R_总}$ 求得导体棒的稳定速度 v；F_T 是连接导体棒和电动机的纽带，求解 F_T 要从电动机着手，电动机是非纯电阻用电器，分析非纯电阻用电器工作状态的基本路径是利用能量转化与守恒关系，$E_输入 = E_输出 + Q_焦$，即 $UIt = F_T vt + I^2 rt$，其中 U 和 I 的数值就是电路中电压表和电流表的读数，v 就是导体棒运动的稳定速度；

（2）导体棒从静止到达到稳定速度的过程中所做的是变加速直线运动，运动时间无法通过运动关系求解，再次运用能量转化与守恒求解；根据条件分析情境中的能量转化情况，对导体棒而言，电动机输出的机械能转化为导体棒的动能、重力势能和内能，对电动机而言，输入的电能转化为电动机的内能和输出的机械能，于是将电动机和导体棒合并为一个系统，则系统的能量关系就是 $E_输入 = Q_{焦 r} + \Delta E_k + \Delta E_p + Q_{焦 R}$，即 $UIt = I^2 rt + \dfrac{1}{2} mv^2 + mgh + Q_{焦 R}$，代入相关的已知量即可求得导体棒的运动时间 t。

设计意图：引导学生在电路和电磁感应情境中，巩固求解恒定功率作用时间问题的策略，熟悉各种能量间的相互转化，进一步体会能量守恒的普适性。

从以上三个问题情境的思维路径可以看出，运用能量知识解决问题的方法同样适用于电场、磁场、电路各种问题情境，但需要结合各自的特征综合考虑，分析的难度有所增加，思维过程更丰富，如情境②和③都需要拓宽视角，从系统的角度来分析能量的转化与守恒关系。问题情境的横向跨度增加，涉及的知识范围变大，可以拓展学生的思维宽度,使学生对能量转化与守恒的理解更全面,思维迁移能力得以提升。

通过以上复习教学,学生可以体会到功能关系在各种问题情境中都能发挥作用,但须注意各种功都有其对应的能量形式,切不可张冠李戴;能量转化与守恒是物质世界中普遍存在的法则,在分析跨界问题时特别好用。横向思维就像是一种分析观念、一种思维的自觉性,使学生在力学、电学等各类问题情境中都能敏锐地捕捉到相似的信息,运用统一的思维路径解决问题。

第四节 实验教学

实验是物理教学的重要组成部分,实验教学是培养学生物理思维和探究能力的重要途径,遵循逻辑的实验教学具有在实践中培养学生思维能力的独特优势。实验可分为测量实验、验证实验和探究实验,在这里主要讨论探究实验教学。

探究实验教学的逻辑特点是引导学生学会观察并提出问题,作出合理的猜想和假设,设计制订合理的实验方案,操作实验,有条理地分析数据、寻找规律。这里的合理和有条理就是指有逻辑,猜想和假设要有一定的科学依据,方案设计要可行,数据分析要逻辑清晰,得出结论要依靠证据。

一、观察思考,作出猜想

探究实验教学源于生活中的物理现象,从现象中发现要研究的问题是探究活动的起点。观察现象是发现问题的前提,教学中需要设计合适的观察对象,可以是一张图片、一段视频或者一个现场实验,但必须包含需要学生观察的元素,最好能激起学生的共鸣和兴趣,拉开探究实验教学的帷幕。

1. 观察有思

学会观察是一项基本的物理技能,观察是有目的地看。观察的逻辑是首先要明确观察的内容是什么,然后是寻找观察的角度,对于观察不清的现象要借助辅助工具来实现观察目的。只观察不思考等于不观察,针对观察到的现象进行思考才能体现观察的价值,从观察中发现并提出相关问题可以锻炼思维。

例如,在"探究加速度与物体受力、物体质量的关系"的实验课上,教师演示了一个小实验,用力传感器拉着小车在水平光滑轨道上运动得到 $F\text{-}t$ 图像,同时用位移传感器测出小车运动的 $v\text{-}t$ 图像,请学生观察 F、v 随时间变化的情况,思考现象所反映的物理意义,提出相关问题。学生可能提出的问题有:如何描述物体在力作用下发生的速度变化?力作用在不同物体上产生的速度变化相同吗?作用力变小,物体运动的速度是不是也会变小?作用力恒定时,物体运动的速度会如何变化? ……

2. 猜想有理

对于学生提出的问题,教师要指导学生分析问题,寻找解决问题的对策。对于那些无法运用已有知识解决的问题,最常用的解决办法就是猜想可能相关的因素,然后通过实验探究的方式进行研究,寻找规律。需要强调的是,物理研究中的猜想是基于现象、基于已有知识和思维水平的合理猜想,是有科学依据的猜想,不是天马行空的胡思乱想。因此教师在实施猜想教学时一定要引导学生搜索知识储备,基于现象作出合理猜想,体会科学研究的本质。

针对"探究加速度与物体受力、物体质量的关系"的实验课上学生提出的第一个问题"如何描述物体在力作用下发生的速度变化?",教师引导学生回忆运动学知识即可得到答案,用 Δv 可以表示物体在 Δt 内发生的速度变化,对应的是力 F 作用一段时间后产生的效果,若要考查力 F 的即时效应,就应该用 $\dfrac{\Delta v}{\Delta t}$ 也就是加速度 a 来描述。针对第二个问题"力作用在不同物体上产生的速度变化相同吗?"学生意识到没有已有的知识可调用,需要进一步通过实验来探究,教师适时引导学生猜想所谓的"不同物体"是指物体什么性质不同,让学生意识到我们在描述物体的运动时将物体视为质点,即有质量的点,忽略除质量以外的其他因素。那么在后续讨论力使物体产生加速度还与哪些因素有关时,学生就不会提出物体的体积、面积、密度等不合理猜想,而直接作出合理猜想——加速度 a 还与物体质量有关。诸如第三、第四两个问题,教师只需引导学生仔细观察 F-t 图像和 v-t 图像即可得到答案,无须进行猜想。在实验教学中,教师应当着力培养学生基于理性分析基础上形成猜想的科学思维能力。

二、 制订方案,操作实验

制订实验方案和操作实验是实验教学的核心环节。实验方案中包含实验目的、实验器材、实验步骤、数据记录等内容,其中根据实验目的选择合适的器材或装置来设计实验步骤是最难的,对学生的综合能力有很高要求。这一环节通常会由教材或教师预先设置好,无须学生自主设计,学生只需在理解实验方案的基础上完成实验操作即可。

1. 自主设计

在实验教学中应给予学生自主选择实验器材或装置、设计实验步骤的机会,让学生充分调动知识储备来理解实验原理、实现实验目的,这种思维训练比做题更综合、更全面,是培养学生实践能力的好机会。绝大部分学生离开教师的帮助就无法开展自主的实验探究活动,其原因是学生缺乏将想法转化为行动的能力。选择合适的研究对象和实验器材是将想法落实到行动上的关键步骤,建议教师强化实验教学中的这个环节,对学生进行有意识的训练,使学生逐步具备自主研究的思维逻辑和实践能力。

仍以"探究加速度与物体受力、物体质量的关系"的实验教学为例,可以这样来加强实验方案的设计与制订这个环节。针对实验目的,教师预先布置学生各自完成初步的实验方案设计,自主选择实验对象和实验器材,搭建实验装置。建议先在小组内讨论方案是否能实现实验目的,然后由教师组织课堂交流讨论,最终确定最佳的实验方案。实践中发现,有的学生提出研究物块在水平面上的运动,用力传感器测量作用在物块上的水平拉力,用天平测量物块的质量,用位移传感器测出物块运动的加速度;有的学生提出研究小车在斜面上的运动,用力传感器测量小车的重力,用量角器测量斜面的倾角,用力的分解法求得重力沿斜面方向上的分力,用天平测量小车的质量,用位移传感器测量小车运动的加速度;也有同学提出研究物块的自由下落运动,用力传感器测量物块的重力,用天平测量物块的质量,用位移传感器测量物块运动的加速度……在讨论的过程中,学生意识到使物体产生加速度的应该是物体受到的合外力,而不是物体受到的某个力,因为学生已经具备了"当物体受到的合外力为零时,物体处于平衡状态"的认知基础,所以很容易理解合外力使物体产生加速度;意识到物体自由下落运动过程中的加速度是定值,无法改变,无法开展研究;意识到用重力沿斜面方向的分力作为合外力研究小车加速度与合外力的关系时,需要增加斜面倾角这个变量,而且无法保持合外力不变,因而不能研究小车加速度与质量的关系;意识到用力传感器拉着物块运动难以保证拉力恒定,测得的加速度也非定值;意识到物体在平面或斜面上运动时还会有摩擦力的作用……在此基础上,实验方案的设计方向就明朗了,学生的思维也会聚焦到关键的问题上,一是平衡摩擦力,二是制造恒定的拉力(不能是重力),再融合集体的智慧,完善方案的具体细节。通过这样的实验方案设计教学,学生对研究对象所承载的任务更加清晰,对实验器材的功能更加清楚,对实验原理的形成和理解也会更加深刻,从而促进学生科学探究能力和学科思维能力的发展。

2. 操作有序

实验操作的逻辑主要体现在实验步骤的顺序、实验操作的细节、实验数据的记录等方面。实验步骤的顺序是按照正常操作流程来设定的,是实验方案设计者研究思维和实践思维的综合体现,具有一定的逻辑性,不能随意更改,否则会对实验效果产生较大的影响。例如,在"用油膜法估测油酸分子的大小"的实验中,应先在水盘中均匀地撒上痱子粉,再从容器中抽取一定量的油酸酒精溶液,迅速在水盘中央轻轻滴上一滴,而不能先取溶液再撒痱子粉,否则时间较长,溶液中的酒精蒸发会导致油酸酒精溶液浓度变化,影响实验效果。实验操作的细节中也存在一定的逻辑,不加注意,也会影响实验结果。例如,在"探究等温情况下一定质量气体压强与体积的关系"的实验中,应缓慢地顺着一个方向推动注射器的活塞,逐渐减小注射器内的气体体积,记录若干个体积值及其对应的气体压强值(稳定时),而不能快速推动活塞导致气体升温,也不能来回推拉活塞使气体体积反复变大或变小,这些细节逻辑需要教师帮学生理顺。气体从一个稳定状态变化到另一个稳定状态需要一定的时间,体积反复变化会使气体更不容易达到稳定状态,同理也不能快速采集压强数据,须等到气体压强数据稳定后才能记录。相反,在电路实验中采集数据要眼明手快,否则电路通电时间久了,电路中金属元件发热后电阻会变大,也会影响实验效果。所以,实验操作细节中的逻辑也需要关注。在实验数据记录环节,教师应引导学生依据实验步骤的顺序,设计一张栏目清晰有序的表格来记录数据,最好能为后续分析和处理数据留出相应的空间。

三、分析数据,得出结论

实验数据或现象被记录下来后,就进入分析数据寻找规律的环节。分析数据有定性分析和定量分析两种情况,无论是定性分析还是定量分析,都是寻找数据或现象中蕴含的规律,这要求学生具有较强的分析推演能力。

1. 定性分析

定性分析在初中阶段运用较多,学生比较熟悉,即便是有详细实验数据的情况,常常也只要求用定性的语言,如"A 随着 B 的增大而增大"来简单描述两个物理量之间的关系。定性分析在高中阶段应用较少,通常只出现在从实验现象中寻找规律的情境中,例如:探究产生感应电流的条件、探究影响感应电流方向的因素、探究安培力的方向等实验,记录的只是实验现象。在现象中寻找规律的一般思维逻辑是分类和比较,相关示例在本书第二章第二节中已有阐述,此处不再赘述。

2. 定量分析

定量分析是高中阶段主要的数据分析方法,需要用数学表达式来描述物理量之间存在的数量关系。在实验数据中寻找规律的一般思维逻辑是作图分析,以研究的两个物理变量作为直角坐标系的横轴和纵轴,将实验数据点标示在坐标系中,观察数据的分布规律,选取合适的函数模型进行数据拟合。有了信息技术的支持,数据拟合并不难,难的是选取合适的函数模型。教师应指导学生如何依据实验数据呈现的分布趋势,选取合适的函数模型进行数据拟合,找出与实验数据最匹配的函数模型,培养学生作图分析的思维逻辑。作图分析中还有一种将原来的非线性关系转化为线性关系的思维逻辑,简称"变曲为直",其意义是能够更加清晰地显示变量之间的关系,经常用于对变量关系的验证环节。这种思维的关键是重新设计自变量或因变量,在已知原变量之间大致关系的基础上进行变量转换,使新变量之间符合线性关系,从而实现对直线的斜率和截距的物理意义的讨论。这是一种高阶思维能力,难度较大,教师可以在教学过程中利用各种契机为学生提供实践机会。

例如,在"探究等温情况下一定质量气体压强与体积的关系"的实验中,通常是取气体压强 p 为纵坐标、气体体积 V 为横坐标建立 p-V 坐标系,将实验数据标记在坐标系中,呈现曲线分布状态。此时教师要引导学生观察数据分布的形态,结合 V 无穷大时 p 趋向于零的关系,选择可能相匹配的函数模型 $y=\dfrac{c}{x}$、$y=\dfrac{c}{x^2}$……进行数据拟合,比较得到与实验数据最吻合的函数模型 $y=\dfrac{c}{x}$。为了进一步确定 p 与 V 是否成反比关系,可引入变曲为直的思想方法。有的学生提出,将横坐标的变量转换为 $\dfrac{1}{V}$,在 $p-\dfrac{1}{V}$ 坐标系中用线性函数模型再次对实验数据进行拟合,验证两者是否吻合;也有学生提出,将纵坐标转换为 $\dfrac{1}{p}$,在 $\dfrac{1}{p}-V$ 坐标系中用线性函数模型对实验数据进行拟合验证。两种转换方法是否都可行? 理论上,密闭气体的等温变化应遵循 $pV=$ 定值的规律。在实验探究中能够保持气体质量和温度不变的前提下,若压强 p 和体积 V 的测量都准确,那么上述的两种转换方法都可行,无差异;若受到测量方式的制约,体积 V 的测量存在某固定偏差,那么实验数据在 $\dfrac{1}{p}-V$ 坐标系中的分布更接近线性;若受到测量方式的制约,压强 p 的测量存在某固定偏差,那么实验数据在 $p-\dfrac{1}{V}$ 坐标系中的分布更接近线性。因此,在偏差具有特定意义的情况下,从线性关系可以推出 p 与 V 成反比的结论。

　　实验探究虽然是一种非常好的研究方法,但是不得不说,由于中学实验条件有限,部分实验产生的误差较大,得到的数据结果不理想,根据不理想的实验数据寻找规律,归纳得出的结论会显得牵强。若用一句"在实验误差允许的范围内"进行解释,不免尴尬,容易引起学生的误解,认为既然实验误差总是存在的,可以不必太过关注,从而产生对操作实验的轻视态度。因此笔者建议,对于那些实验误差较大的实验,实验教学的重心不必放在分析数据、得出结论这个环节上,可以在简单分析数据的基础上直接引用前人的研究结论,用结论来反观真实实验数据误差产生的原因等深层次内容,对实验现象做出全面合理的解释。这样不仅能让学生更自然地关注到规律成立的条件，也能让学生的思考更有针对性和逻辑性，从而加深对物理规律的理解。

实验教学的重点应当是培养学生的实践能力和思维能力，所以实验的过程很重要，不必过于看重实验结果。我们要通过实验教学，帮助学生树立严谨的、实事求是的实验态度，建立科学的实验思维，养成良好的实验习惯，实现动脑与动手的和谐发展，使其成为有一定研究实践能力的学习者。

四、案例列举——"探究向心力大小与半径、角速度、质量的关系"

"探究向心力大小与半径、角速度、质量的关系"的实验探究教学设计的教学逻辑是：从描述线速度方向变化快慢入手引出向心加速度的定义，然后通过实验探究向心加速度大小与哪些因素有关，在探究过程中通过牛顿第二定律引出向心力概念，最后得出向心力（向心加速度）大小与物体运动半径、角速度的关系。具体的实验探究教学过程如下：

1. 组织学生猜想交流向心加速度 $a_{向}$ 的大小与哪些因素有关

此处教师针对不同层次的教学对象做了两种教学设计。第一种是引导学生根据匀速圆周运动的运动特征进行猜想，学生可能会把线速度 v、角速度 ω、周期 T、转速 n、运动半径 r 都作为相关因素提出来。此时教师引导学生思考：向心加速度真的会与那么多因素都同时相关吗？需要梳理一下。接着教师指导学生关注相关因素的独立性，使学生意识到角速度、周期和转速都是描述物体绕圆心转动快慢的物理量，它们相互依存，其中只有一个量可以作为独立因素。进一步分析可以发现，线速度的大小、角速度与半径之间也存在相互依存的关系，其中只有两个量可以作为独立因素，后续的研究对象可以选择 $a_{向}$ 与 v、r 的关系，或与 $\omega(T、n)$、r 的关系，或与 v、$\omega(T、n)$ 的关系。第二种是引导学生根据原有的认知基础 $a = \dfrac{\Delta v}{\Delta t}$，结合匀速圆周运动过程中 A、B 两个位置之间发生的线速度变化矢量图（如图 4 - 39 所示）进行猜想，可以发现线速度的变化量 Δv 与所用时间 Δt 的比值，与线速度的大小 v、绕圆心转动

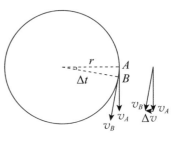

图 4 - 39

的快慢即 ω 有关。两种教学设计中教师引导学生进行的猜想都含有一定的学科逻辑，前一种的逻辑比较简单，学生容易想到，也容易接受，后一种的逻辑比较抽象，适合思维能力比较强的学生。

2. 设计讨论实验方案

此处的教学逻辑重点在测量方法上，教师引导学生思考应该如何选取合适的测量工具完成测量，这里的思维活动也很丰富。关于 $a_{向}$、v、ω、T、n 和 r 的测量，经思考后发现：①直接测量 $a_{向}$ 很困难，可以根据牛顿第二定律 $F_{向} = ma_{向}$，转化为用力传感器测量向心力 $F_{向}$ 的大小，从学科逻辑上自然关联引出向心力概念；②用光电门传感器可以直接测量 v，但必须将挡光片安装在运动物体上，且当物体的运动半径 r 发生变化时，光电门的位置要跟着物体一起移动，因此操作很不方便，不适合采用；用光电门传感器也可以直接测量周期 T，但要等到研究单摆运动周期的时候才会介绍使用，此处教师可根据学生情况决定是否需要提及并使用；③没有可以直接测量 ω 的工具，但是可以根据 $v = \omega r$ 的关系，用光电门传感器测得运动物体的 v，计算得到 ω；④用刻度尺可以直接测量物体的运动半径 r。综上所述，实验装置需要让物体做匀速圆周运动，可以同时测量物体的向心力、运动半径和运动的角速度。图 4 - 40 所示是上科版物理新教材中研究向心力的实验装置，将测量连杆提供给砝码的向心力 $F_{向}$、固定砝码的悬臂匀速转动的角速度 ω、砝码中心点的运动半径 r 集于一体，可以非常方便地研究 $F_{向}$ 与 ω、r 之间的大小关系。另外，$F_{向}$ 与 m 成正

比的关系无须实验探究,牛顿第二定律已经给出。

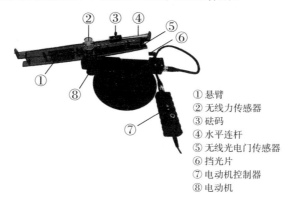

① 悬臂
② 无线力传感器
③ 砝码
④ 水平连杆
⑤ 无线光电门传感器
⑥ 挡光片
⑦ 电动机控制器
⑧ 电动机

图 4-40

实验操作不是本探究实验教学的重点,为了减少操作时间,教师将学生分成 5 组,各组分别使用不同质量的砝码(该实验装置配有 5 种质量的砝码)进行实验。运用控制变量法,每组学生需要分别测得一组 m、r 不变时 $F_{向}$ 与 ω 的数据、一组 m、ω 不变时 $F_{向}$ 与 r 的数据。

3. 分析交流实验数据

数形结合是最常用的分析方法,培养学生的思维能力是此环节的教学重点。$F_{向}$ 与 r 的实验数据分布呈现直线形态,依据学生的认知基础,比较容易判断选用线性函数模型进行拟合。$F_{向}$ 与 ω 的实验数据分布呈现曲线形态,这是学生在高中物理学习中第二次遇到非线性关系的实验图像,需要仔细体会分析数据的思维方法。首先要根据实验现象和基本原理,判断 $F_{向}$ 与 ω 的关系图像是否通过坐标原点,然后再根据曲线的弯曲情况判断应该用什么函数模型进行数据拟合。此处判断 $F_{向}$ 与 ω 关系应该符合幂函数模型,曲线向上弯曲说明指数大于 1,可选择 $y=x^2$、$y=x^3$ 等较为常见的函数模型进行拟合。为了更好地观察、比较拟合结果是否符合实验数据,教师引导学生采用转换变量的方法建立新坐标系,如采用 $F_{向}-\omega^2$、$F_{向}-\omega^3$ 等形式进行作图,若在新坐标系中数据呈现线性关系,就表示找到了最符合实验数据分布规律的函数模型。在此过程中,要让学生进一步体会变曲为直的思想方法,形成分析物理量之间非线性关系的基本思路。

综合分析得出结论 $F_{向} \propto m\omega^2 r$ 之后,探究过程可以结束,也可以继续进一步深入锻炼学生的逻辑思维能力。若将上述关系写成等式的形式 $F_{向} = km\omega^2 r$,那么 k 的物理意义是什么,是不是一个常数?从逻辑严密的角度出发,教师先要引导学生从量纲的角度推理得到:$F_{向}$ 与 $m\omega^2 r$ 的单位相同,说明 k 就是一个没有单位的常数。然后教师指导每组学生在自己得到的 $F_{向}$-r 和 $F_{向}$-ω^2 实验图线上分别任取一组数据,求出 $\dfrac{F_{向}}{m\omega^2 r}$ 的值,汇总分享各组的数据后发现:在误差允许的范围内,k 近似等于 1。于是,实验探究结果进一步精确为:$F_{向} = m\omega^2 r$,$a_{向} = \omega^2 r$,猜想得证。

学生在整个实验探究过程中,不仅体验了所有的科学探究环节,而且在经历了充分的思维活动基础上完成各个环节的实践。匀速圆周运动向心力和向心加速度大小的表达式是依靠自己的探索和努力得来的,学生在实践中既获得了知识,也锻炼了思维能力,学科素养得到有效培养。

参考文献

1. 中华人民共和国教育部.普通高中物理课程标准(2017 年版 2020 年修订)[M].北京:人民教育出版社,2020.

2. 上海市中小学(幼儿园)课程改革委员会.高级中学课本物理(试用本)[M].上海:上海科学技术出版社,2007.

3. 上海市中小学(幼儿园)课程改革委员会.普通高中教科书物理[M].上海:上海科学技术出版社,2021.

4. 贾起民,郑永令,陈暨耀.电磁学(第二版)[M].北京:高等教育出版社,2001.

5. 张三慧.大学基础物理学[M].北京:清华大学出版社,2012.

6. 刘月霞,郭华.深度学习:走向核心素养(理论普及读本)[M].北京:教育科学出版社,2018.

7. 叶建柱,蔡志凌.物理教学中的逻辑[M].北京:科学出版社,2013.

8. 周建武.科学推理——逻辑与科学思维方法[M].北京:化学工业出版社,2017.

9. 丁际旺.怎么想,就怎么教[M].北京:教育科学出版社,2015.

10. 王瑞旦,宋善炎.物理方法论[M].长沙:中南大学出版社,2002.

11. 朱德全,张家琼.论教学逻辑[J].教育研究,2007(11):47 - 52.

12. 董静,于海波.教学逻辑的价值追求与二维结构的运演[J].中国教育学刊,2015(8):24-29.

    13. 历晶,郑长龙.课堂教学逻辑的构建[J].东北师大学报,2013
(6):278-280.

    14. 张慧作.高中物理教学逻辑的设计策略[J].中学物理教学参
考,2015(8):2-5.

    15. 成瑾.建立课堂教学逻辑 促进科学思维发展——以沪科版
"弹力"教学为例[J].中学物理教学参考,2021(5):34-36.

后　记

　　从教多年,我一直很喜欢看同行怎么上课,喜欢阅读同行的教学论文,因为从他们的教学和论文中,我总能找到自己感兴趣的点,或是灵感,或是同感,或是不同的看法。但不管是什么,经过一番冥思苦想,我总能从中得到一些启发,有了不同的视角,有了创新的思路,可谓其乐无穷!

　　对着一个问题想久了,就有了想写点什么的冲动,曾经有两次已经提笔列出了大致的提纲,但最终还是因为没有想明白就放弃了。近几年,日常教学中时常会感受到教学逻辑的不顺畅,从别人的课堂教学或教学设计中也发现一些逻辑问题。这些有关教学逻辑的问题常常萦绕在脑海中,令我习惯性地聚焦思考,看书查阅资料,还时常找同行聊起这个话题。于是,渐渐萌生了动笔的念头,想把多年来对这一教学问题的思考写下来,也算是对自己执着追求的事业的一种纪念,但真正落笔时又心生怯意。

　　所幸有陆伯鸿老师的热情鼓励和指点迷津,有我的师傅王铁桦老师的点拨和指正,有名师高研班张主方导师的悉心教导,我最终鼓足勇气,在繁忙的工作之余挤出时间写作。从整理思路到斟酌表述,反复琢磨,仔细推敲,历时一年之久,书稿才得以完成。

　　一路走来,感谢三位前辈名师对我的关心和支持!感谢谈晓红老师给我提出的宝贵意见,感谢上海教育出版社李祥编辑对我的帮助!

后
记

"两句三年得，一吟双泪流。"等自己开始写书，方知写作真的不易。水平所限，书中若有不当之处，恳请读者批评指正！

成　瑾

2023 年 4 月

图书在版编目（CIP）数据

循规施策：高中物理课堂教与学的设计 / 成瑾
著. — 上海：上海教育出版社，2023.5
ISBN 978-7-5720-1993-7

Ⅰ.①循… Ⅱ.①成… Ⅲ.①中学物理课 – 课堂
教学 – 教学设计 – 高中 Ⅳ.①G633.72

中国国家版本馆CIP数据核字(2023)第069678号

策划编辑　李　祥
责任编辑　屠又新
封面设计　蒋　妤

循规施策
高中物理课堂教与学的设计
成　瑾　著

出版发行　上海教育出版社有限公司
官　　网　www.seph.com.cn
地　　址　上海市闵行区号景路159弄C座
邮　　编　201101
印　　刷　上海颛辉印刷厂有限公司
开　　本　700×1000　1/16　印张11
字　　数　143 千字
版　　次　2023年5月第1版
印　　次　2023年5月第1次印刷
书　　号　ISBN 978-7-5720-1993-7/G·1788
定　　价　68.00 元

如发现质量问题，读者可向本社调换　电话：021-64373213